主讲
师
靠谱 | 干货 |
| 接地气

用 2：差异化——不同
地（1）：卖——租
地（2）：所有权——使用权
地（3）：收费——“免费”

应用 2：差异化——不同
落地（1）：卖——租
落地（2）：所有权——使用权
落地（3）：收费——“免费”
525
525
681

# 老板要学会的108种新盈利模式

王冲◎著

中国商业出版社

**图书在版编目（CIP）数据**

老板要学会的108种新盈利模式 / 王冲著. -- 北京 : 中国商业出版社, 2025. 6. -- ISBN 978-7-5208-3415-5

Ⅰ. F715.5

中国国家版本馆CIP数据核字第202523P2Z1号

责任编辑：郑　静

中国商业出版社出版发行

（www.zgsycb.com 100053 北京广安门内报国寺1号）

总编室：010-63180647　编辑室：010-83118925

发行部：010-83120835/8286

新华书店经销

亿联印刷（天津）有限公司印刷

*

710毫米 ×1000毫米　16开　15.5印张　240千字

2025年6月第1版　2025年6月第1次印刷

定价：99.00元

* * * *

（如有印装质量问题可更换）

# 前言

## 老板要打造自己的“盈利系统”

作为在商海里摸爬滚打多年的老兵、实战派讲师，这些年，我见过太多这样的场景：

同样的产品，有人卖白菜价，有人却能溢价 300%。

有些企业三年横扫整个行业，有些企业十年还在原地打转。

面对同样的商机，有的人一夜暴富，有的人一败涂地。

……

经营企业最大的差别不在资源、能力、智力，而在系统。企业就像一台精密的机器——齿轮咬合、链条传动、燃料驱动，每个零件都要按既定规则运转。在精密算法的加持下，资源、规则、趋势等被串联成一个闭环，并源源不断产出真金白银。谁不想拥有这样一套“盈利系统”呢？

事实上，很多人都缺少这样的系统，甚至没有基本的思维和理念，他们靠什么在残酷的市场中搏杀呢？我看到太多如前所述的场景，以及因缺乏战略眼光与系统思维而在市场浪潮中折戟沉沙的案例。凭借对市场趋势的精准预判，我一次次帮助企业突破困境，成功转型。

一年前，当我帮一些公司布局 AI 大模型时，同行嘲讽“ChatGPT 就是高级玩具”。结果呢？不到一年，这些公司的利润率飙升了 60%！那些曾经嘲笑我“玩噱头”的人，现在连我的技术文档都看不懂！

三年前，当我借助移动互联网帮某个企业整合渠道时，不少人觉得我疯了：“这个行业价格透明，利润薄如刀片，整合有什么意义呢？！”结果呢？三年时间，我用“三刀”修了个新鱼塘：第一刀砍渠道；第二刀降成本；第三刀定规则，硬是从“做产品”升级到“定规则”。

五年前，当我极力建议某个公司砍掉有近亿元营收的传统业务时，所有高管都拍桌子。但我算过一笔账：这项业务毛利率已经跌破 5%，竞争对手靠资本输血把价格压到成本线以下。与其等死，不如壮士断腕转型——结果，这家公司仅用 18 个月就杀入行业前三，利润率直接飙升到 65%。

2015 年，我布局移动互联网，我不是因为看到了“直播带货”爆发，而是算准了在智能手机渗透率突破 50% 后，流量分配权必然从线下向线上转移；2023 年，我布局 AI 大模型，不是因为 ChatGPT 火了，而是预判了在数据要素化后，所有行业都会被智能算法重构。

除了如上所述，我将一部分经典的成功案例收录于《老板要学会的 108 种新盈利模式》一书中。它们并非商学院里那些晦涩难懂的理论，而是我投身于商业领域打拼多年积累的成果——从最初的白手起家，到后来能够操盘百亿元的项目，这期间我经历了无数现实的商业场景，也面临遇到了无数挑战与机遇。在这个过程中，我坚持总结，提炼出一套具有很强实操性的系统，涵盖了从策略制定、执行到应对各种复杂商业状况的具体方法和策略。

翻开这本书，你会看到 108 种经过验证的新盈利模式，以及上百个真实商战案例的深度解构。这本书里没有“坚持就是胜利”的鸡汤，没有“与时间做朋友”的空话，只有验证过的财富公式，供你即取即用。

在这里，我想说的是：当 AI 大模型正在重构万亿元级市场，当脑机接口开始改写人类交互规则，当量子计算即将引爆新一轮产业革命……有一点始终未变：商业世界从不同情眼泪，而只敬畏系统。

# 目 录

## 创业风口篇　踩中一个赛道，让你少奋斗二十年

1. 数字经济模式 /2
2. 低空经济模式 /4
3. 首发经济模式 /5
4. 平替经济模式 /7
5. 本地生活模式 /9
6. 新农经济模式 /11
7. 出海经济模式 /13

## 产业整合篇　未来十年，这些行业藏着巨大商机

8. 产业链模式 /16
9. 产业标准模式 /18
10. 量子产业模式 /19
11. 储能产业模式 /21
12. 无人汽车产业模式 /23
13. 芯片制造产业模式 /25
14. 智能家居产业模式 /27

## 战略定位篇　战略对了，一年顶别人干十年

15. 规模碾压模式 / 32
16. 八爪鱼商业模式 / 33
17. 闪电式扩张模式 / 35
18. 低价打击模式 / 36
19. 快速复制商业模式 / 38
20. 区域领先模式 / 39
21. 异类突围模式 / 41
22. 跨界竞争模式 / 43

## 模式设计篇　商业模式比产品重要许多倍

23. 授权许可商业模式 / 46
24. 即用即付模式 / 47
25. 平台佣金模式 / 49
26. 中转站模式 / 51
27. 众包商业模式 / 52
28. 碎片化商业模式 / 54
29. 垂直整合商业模式 / 55
30. 分布式商业模式 / 57

## 资本运作篇　学会借力打力，拿别人的钱赚钱

31. 零成本融资模式 / 60
32. 资产盘活模式 / 62
33. 投行化模式 / 64
34. 钱生钱模式 / 66
35. 股权融资模式 / 68
36. 并购重组盈利模式 / 69

37. 债务融资模式 / 71
38. IOP 上市模式 / 73

## 产品爆款篇 用户抢着下单，躺着也能收钱

39. 产品金字塔模式 / 76
40. 产品增值盈利模式 / 77
41. 爆品打造模式 / 79
42. 产品稀缺模式 / 81
43. 产品时空盈利模式 / 83

## 引爆营销篇 不花一分钱，让全网帮你卖货

44. 押金模式 / 86
45. 招商模式 / 89
46. 裂变模式 / 91
47. 合伙人模式 / 94
48. 入门锁定模式 / 97
49. “剃刀 + 刀片”模式 / 100
50. 渠道盈利模式 / 103
51. 品牌矩阵模式 / 105
52. 高颜值场景模式 / 108
53. 特许加盟模式 / 110
54. 网红打卡店模式 / 112

## 团队鏖战篇 创新机制，激励员工拼命干

55. 卓越领导力模式 / 118
56. 高效团队模式 / 120
57. 人才红利模式 / 123

58. 不花钱激励模式 / 124
59. 团队执行力模式 / 126
60. 降本增效模式 / 129

## 创利密码篇　改变思路，利润会快速增长

61. 利润乘数模式 / 132
62. 复利增长模式 / 133
63. 高价定价模式 / 135
64. 分层定价模式 / 136
65. 追加销售高利润模式 / 138

## 认知变现篇　你赚的每一分钱，都是你认知的兑现

66. 免费模式 / 142
67. 卖项目模式 / 144
68. 卖故事模式 / 146
69. 卖解决方案模式 / 147
70. 超级个体模式 / 149
71. 需求塑造模式 / 152
72. “经验差”内行模式 / 154
73. “认知差”收割模式 / 155

## 人性掘金篇　赚到钱的人，都精通人性博弈

74. 占便宜模式 / 160
75. 砍一刀模式 / 161
76. 从众商业盈利模式 / 163
77. 美好经济模式 / 165
78. 满足欲望模式 / 166

79. 谷子经济模式 / 168
80. 萌系经济模式 / 170
81. 社恐经济模式 / 171
82. 多巴胺经济模式 / 173

## 万物互联篇　不投流不烧钱，流量自动上门

83. 知识付费模式 / 176
84. 打赏变现模式 / 178
85. 推广变现模式 / 180
86. “社交 + 种草”模式 / 182
87. 流量盈利模式 / 184
88. 网络效应模式 / 185
89. 付费墙模式 / 187
90. MCN 化运营模式 / 189
91. 短视频 + 直播带货模式 / 190

## 新电商篇　玩法变了，电商平台的打法也变了

92. 消费增值模式 / 194
93. 虚拟商品模式 / 196
94. 盲盒电商模式 / 198
95. 众店模式 / 200
96. 一件代发模式 / 202
97. 即时零售模式 / 204
98. 拼购模式 / 206
99. 补贴模式 / 207

## AI创富篇　淘汰你的不是AI，是率先掌握AI的人

100. AI 大模型 /210

101. AI 数字人 /212

102. AI 智能办公 /215

103. AI 视频生成 /218

104. AI 文案写作 /222

105. AI + 金融 /224

106. AI + 教育 /226

107. AI + 电商 /228

108. AI + 企业转型升级 /231

# 创业风口篇

## 踩中一个赛道，让你少奋斗二十年

# 1. 数字经济模式

**企业采取“线上线下结合”这种老套路搞生意，闷头生产，闭眼铺货，就像拿着算盘跟量子计算机比赛——死都不知道怎么死的。真正的高手，早把用户数据当金矿挖——数字经济不是让你花钱买系统，而是教你把每个员工、每个客户、每台机器，都变成 24 小时印钞机器！**

### ➤模式拆解

数字经济模式就是运用数字技术，把企业运营的每一个环节都优化到极致。首先，你得有数字化的门面，如网站、App、小程序，这样，客户才能随时随地找到你。其次，数据收集与分析是关键。你得知道客户想要什么、不喜欢什么，这样才能精准营销，避免盲目乱撞。再次，智能化运营是提效的法宝。你只需动动手指就能掌控全局，让 AI 客服、智能推荐、自动化仓储帮你干各种活。最后，个性化服务是留住客户的王道。根据客户的喜好和需求，为客户量身定制产品和服务，让客户感受到你的专业和用心。

这四大板块构成了数字经济模式的完整闭环，使用该策略需要根据市场变化和企业实际情况灵活调整。

### ➤模式落地

第一步，打造数字化门面。

这一步决定了你给客户留下的第一印象。网站要简洁明了，App 要流畅易用，小程序要方便快捷。只有好的界面设计，才能带来好的流量和转化。

第二步，数据收集与分析。

数据是数字经济模式的命脉！企业要构建一套全方位、无死角的数据收集系统，记录客户的点击、浏览、购买，产品的销量、评价、退换货，还要用数据分析工具深挖它们背后的宝藏。我个人特别推荐 Python 爬虫加上 Excel 的组合，既简单又实用。

第三步，智能化运营。

这一步不但是技术活，也是提高效率、降低成本的关键所在。企业要引入那些先进的AI技术和自动化设备，比如AI客服不仅是能聊天的机器人，而且能24小时接待客户，解答问题，处理投诉。又如智能推荐系统能根据客户的浏览历史、购买记录，精准地推荐客户可能感兴趣的产品或服务，大大提升客户的购物体验，提高转化率。

第四步，个性化服务。

在这个以客户为中心的时代里，老板们必须根据客户的喜好和需求，为客户量身定制产品和服务。比如，通过分析客户的购买历史，精准地为客户推荐相似或互补的产品；在客户生日时，送上一份专属的优惠或礼物。只有坚持这么做，客户才会真正把企业当成自己的“客厅”，愿意长期光顾企业，甚至主动为企业传播口碑。

第五步，要持续优化迭代。

数字经济模式不是一蹴而就的，而是需要不断试错、调整和优化的。要保持对新技术、新趋势的敏感度，不断学习和尝试新的方法和技术，才能确保企业在数字经济的大潮中立于不败之地。

**案例实操**

2024年，我曾操作过一个传统零售企业转型项目。这家企业主要销售各类生活用品，此前生意还算红火，但近几年客流量和销售额都大幅下滑。

经过深入调研，我发现这家企业的主要问题是缺乏数字化思维，没有开展线上销售渠道，也不懂得运用相关数据。我给企业设计了一套数字经济模式转型方案。

在搭建数字化平台方面，迅速建立官方网站与App，页面设计简洁直观，操作流程便捷。同时，接入多种支付方式，提升客户的购物体验。

在数据收集与分析方面，通过会员注册、消费积分等活动鼓励客户留下使用数据，利用专业工具分析客户的购买偏好、消费频率等，再依据分析结果，针对不同客户群体精准推送优惠信息和新品推荐。

在智能化运营方面，引入先进的AI客服系统和智能推荐系统，提升客户的购物体验，精准为客户推荐合适的产品，同时降低企业运营成本。

经过近一年的实施与优化，线上平台的月活跃用户数高达5万人，既吸引了很多新顾客，也使老顾客的复购率提高了40%，销售额同比增长了80%，库存成本降低了30%，如此一来，企业的资金周转更加灵活了。

## 2. 低空经济模式

**人飞于天，货行于空。在未来十年，低空经济必然成为“超级风口”，能让你财富起飞！谁能抓住低空经济这波红利，谁就能弯道超车，实现产业升级。**

### ➤模式拆解

低空经济，就是依托低空空域资源，以各种有人驾驶和无人驾驶航空器的研发、制造、运营、服务及相关基础设施建设为核心，辐射带动多领域融合发展的综合性经济形态。

低空经济包含着巨大的产业链条，如航空器制造、基础设施建设、运营服务、应用场景等。核心驱动力在于降本增效，即运用科技手段，提高效率，降低成本，解决传统行业的痛点，创造新的商业价值。

### ➤模式落地

第一招，选对赛道，小步快跑。

在进入低空经济领域前，要像狙击手一样精准定位目标，审视自身的资源和优势，选择一个细分领域切入。例如，如果物流资源丰富，你就可以选择城市无人机配送领域。

第二招，借智借力，提升战力。

低空经济是技术密集型产业，必须和科研机构、高校、技术公司建立深度且紧密的合作关系，引进先进的技术为自己所用，才能让产品和服务增强竞争力，在市场上脱颖而出。

第三招，抱团取暖，携手共赢。

在低空经济这个大舞台上，要学会和上下游企业共舞。比如，做运输服务的要与飞行器制造商、起降场地运营方紧密合作。唯有形成产业联盟，才能共同开拓市场。

第四招，多元市场推广。

有了好产品、好服务，还要利用各种渠道进行宣传推广。比如，举办产品发布会，可以把最新的成果展示给客户，吸引眼球。

第五招，未雨绸缪，筑牢风险防线。

低空经济虽然前景广阔，但也存在一定风险。政策法规的变化、技术研发的不确定性、市场需求的波动等，都可能影响企业发展。所以，必须建立一套完善的风险控制体系，提前做好风险评估，制定应对策略。

**案例实操**

过去，国内电力巡检主要靠人工，效率低，成本高，安全风险大。近年来，随着低空经济概念的兴起，A企业管理层决定实现业务升级转型。

首先，公司与国内顶尖的无人机研发团队合作，专门研制了电力巡检专用无人机，足以满足电力巡检的特殊需求。

其次，果断与国家电网携手，在多地开展无人机电力巡检试点，让无人机电力巡检从设想走向了实际应用。

再次，在技术应用上大胆创新，采用“无人机 + AI”的模式，确保无人机在巡检过程中能够自动识别和诊断电力设备的缺陷，大大提高了巡检的效率和准确性。

最后，在商业模式上，向电力公司提供无人机巡检服务，并收取服务费。这种模式既满足了电力公司的需求，又为项目的持续发展提供了经济保障。

项目实施后，效果惊艳！巡检效率提高了50倍，巡检成本降低了70%，而且大大降低了巡检人员的安全风险。

## 3. 首发经济模式

**好产品是基础，但怎么让消费者知道才是关键！只有用最短的时间，以最快的速度，把新品推向市场，引爆流量，才能赚到第一桶金！记住，首发即决战，首发即引爆！**

### ➤模式拆解

所谓“首发经济”，是指企业在新产品或服务首次上市时，通过各种营销手段，吸引消费者关注和购买，从而迅速打开市场，建立品牌声誉的经济模式。

该模式的核心在于“新”与“先”。“新”代表着产品、服务或是商业模式的创新，“先”则强调先发优势，即抢在竞争对手之前将创新成果推向市场，优先占领消费者的心智，构建品牌的忠诚度。

从商业变现角度来看，首发阶段往往能设置较高价格，获取丰厚利润。因为早期尝鲜的消费者对价格敏感度低，他们更看重产品的新颖性。而且，首发活动能吸引大量媒体报道、社交媒体讨论，形成免费的宣传矩阵，降低营销成本。

### 模式落地

（1）造势预热。在首发前数月，就要开启全方位预热。可以在社交媒体平台创建品牌官方账号，发布趣味科普、产品设计理念等内容，吸引潜在用户关注。还可以借助直播平台，邀请科技博主提前开箱、试用产品，与观众互动，进一步引发客户群体的期待。

（2）限时限量。推出精心设计的限时限量版新品，限量依据市场调研与产能科学设定。例如，限量版产品可采用独特的外观材质，并搭配精美礼盒；限时抢购则设定特定时间段，以营造紧迫感，激发消费者的购买欲望。

（3）互动体验。举办线下体验活动，打造沉浸式体验区；设置互动游戏环节等，增加客户对产品的了解，提升客户的购买意愿。

（4）口碑营销。提供便捷的分享渠道，鼓励消费者在购买使用后分享体验，吸引更多潜在客户，形成良好的口碑传播效应，助力首发产品持续热销。

**案例实操**

在智能手表市场创业三年的王总陷入了经营困境，我建议他采用首发经济模式打破僵局。

首先，找准产品定位。

市面现有的智能手表要么过于侧重运动功能，要么过于专注健康监测。因此，我们决定打造一款集精准运动追踪与全面健康监测于一体，并且价格适中的智能手表，目标客户锁定为年轻的运动爱好者和注重健康的上班族。

其次，组建核心研发团队。

我帮王总组建了一支核心研发团队，采用轻资产模式，与专业的代工厂合作生产智能手表，在确保产品质量的同时降低成本。

再次，选择一家可靠的平台。

我们经过综合评估，决定与一家新兴的科技类垂直电商平台合作。这家电商平台对智能穿戴产品的推广力度极大，且平台用户与公司的目标客户高度重合。我们争取该平台的独家首发资源位，还获得了该平台的流量扶持和推广资源。

最后，制订详细的营销计划。

在社交媒体上，提前三个月开始布局，创建品牌官方账号，发布一系列关于智能手表发展趋势、运动与健康知识的内容，吸引潜在用户关注。同时，发起“你理想中的智能手表”话题讨论，收集用户意见，增强用户参与感。除此之外，还邀请了多位知名的运动博主和科技评测达人提前体验产品。

临近首发，公司推出限量 1000 套的“先锋体验版”智能手表，配备定制的运动臂带和专属的品牌礼盒，并提供终身免费软件升级服务，以此营造稀缺感，吸引追求独特的客户。

首发当天，效果远超预期，限量版智能手表在一小时内售罄，普通版产品也收获了大量订单。首发一周，销售额突破 500 万元，在智能手表市场成功打响了品牌知名度。

## 4. 平替经济模式

**现在的客户越来越追求性价比。如果企业用更亲民的价格，提供接近甚至超越大牌品质的产品，便有机会抓住“平替”这个风口，吸引追求实惠又注重品质的庞大消费群体，实现销量与口碑的双丰收。**

### ➤ 模式拆解

平替经济，即在消费降级的大背景下，客户追求高性价比，选择价格更低但品质接近甚至超越大牌的替代品，从而形成的一种新的经济模式。客户选择“平替”的背后蕴藏着三个深刻的消费逻辑。

（1）消费观念转变。消费者不再盲目追求品牌，而是更加注重产品本身的价值。

（2）性价比至上。消费者希望用更少的钱，买到更好的产品。

（3）信息透明化。互联网让消费者更容易获取产品信息，进行比较和选择。

“平替”的核心在于“高性价比”和“差异化”，即要让消费者觉得你的产品物超所值，并且拥有独特的卖点。

### ➤模式落地

（1）精准定位平替需求。产品是平替经济的核心。首先要确保产品质量过硬。同时，挖掘自身特色。只有产品力够强，才能在平替市场中赢得口碑，吸引客户长期购买。

（2）优化研发，降低成本。成本控制是平替经济的关键。可以从供应链上游、生产环节、运营流程等入手，降低成本，节约开支，让利给消费者。

（3）洞察需求，有效触达。企业要深入了解目标消费群体的需求、喜好和消费习惯，利用大数据分析工具，精准锁定目标客户。

（4）全程关怀，持续留客。良好的用户体验是平替经济持续发展的保障。在售前、售中和售后，都要采取有效措施提升用户的满意度和忠诚度，促进复购和口碑传播。

**案例实操**

国内的一家高端护肤品公司处于市场边缘，产品定位模糊，销售业绩不佳，缺乏清晰的市场定位和有效的营销策略。我们决定以“平替”为切入点，打造具有高性价比的护肤产品。

在产品力打磨上，公司加大研发投入，研究国际大牌护肤品的核心成分和配方，采用相似的优质原料，结合自身技术优势，开发出具有独特功效的产品。

在成本优化方面，建议公司通过长期订单和批量采购等方式降低了原料成本；优化生产流程，引入先进的生产设备，提高生产效率，减少浪费。此外，精简管理架构，减少不必要的开支。

针对年轻白领这一群体，在小红书、抖音等社交平台上进行重点推广。邀请护肤博主和网红进行产品试用和评测，制作精美饰品展示产品的使用效果。举办线上抽奖、打卡等互动活动，吸引用户参与，提高品牌知名度。还邀请美妆达人直播带货，加大销售力度。

经过一系列努力，该品牌生产的平替护肤品迅速获得了市场认可，在短短一年内，产品销售额增长了 300%，品牌知名度也大大提升，逐渐在国内高端护肤品市场站稳了脚跟。

# 5. 本地生活模式

**本地生活模式，不是让你跟美团、饿了么硬碰硬，而是要把街坊邻居变成你的铁杆粉丝，把社区小店变成你的超级入口。只有在本地扎深根织密网，才能在巨头眼皮底下活得滋润。**

## ➤ 模式拆解

本地生活模式是指商家通过互联网平台，为本地消费者提供餐饮、娱乐、生活服务等各种商品和服务的商业模式。这种模式彻底重构了“最后一公里”的商业生态，有四个核心支点。

（1）流量本地化。抛弃全国撒网的流量思维，精准锁定3~5公里生活圈。通过社区社群、本地KOL、物业合作等渠道，把周边住户转化为私域流量。

（2）服务场景化。把服务嵌入居民的高频生活场景。早上送菜、中午送餐、下午遛狗、晚上修家电——每个时间点都是商机。

（3）资源网格化。把社区商户、物业、业委会拧成一股绳，满足社区居民的生活需求和商户的销售需求。

（4）用户共生体。让居民从消费者变合伙人。例如，与客户众筹开店，让客户变身股东享受折扣+分红，把客户群变成利益共同体。

## ➤ 模式落地

第一步，搭建社区商业中枢。

打出企业微信+小程序组合拳，把周边3公里划为网格，每个网格配1名“社区管家”，负责建群、发福利、搞活动等。

第二步，打造地推铁军。

优先招40岁以上宝妈当社区团长，她们熟悉邻里关系，说话比明星广告好使。长沙某母婴店培训20个团长，每人承包一栋楼，靠人情销售月均提成过万元，店铺客单价提升60%。

第三步，数据精准打击。

在收银系统加装“社区数据魔方”，记录每个顾客的楼栋号、购物频次、消费偏好，有针对性地推送优惠活动和产品信息。

第四步，服务“变态”级标准化。

制定社区服务“211 时效”：2 分钟响应、1 小时送达、1 天内售后。南京某便利店承诺“忘带钥匙免费送”，换来 80% 住户年度储值卡，这就是信任变现。

第五步，资源捆绑术。

和物业签订排他协议，用免费 Wi-Fi 换电梯广告位；和业委会合作，用团购收益补贴公共维修基金。

**案例实操**

最近，我操盘了山东某县城超市的转型。这家 2000 平方米的老店，被社区团购打得月亏 50 多万元，我用最低的成本、最狠的三招，帮助它起死回生，并且把家门口的生意做到极致！

第一招，网格化改造。

把超市切割成“生鲜服务站 + 快递驿站 + 社区食堂”三大模块。在生鲜区设共享厨房，顾客买菜之后直接加工；快递柜免费开放，取件就送 2 元抵用券；午餐时段卖 9.9 元套餐，吸引周边上班族。

第二招，社群裂变。

培训 10 个收银员当“生活顾问”，每人认领 300 个家庭，每天在群里发“神价菜”接龙，满 20 户成团直送小区。三个月就加满 50 个 500 人群，复购率冲到 85%。

第三招，数据变现。

消费数据发现，宝妈们周三最爱囤尿不湿，周五老人集中买特价鸡蛋，因此推出“周三母婴日”“周五银发福利”，将关联商品组合销售，客单价从 38 元提到 92 元。

结果：6 个月扭亏为盈，月流水从 150 万元飙升到 600 万元，周边 3 公里内 7 家竞争对手倒闭。我们还把超市二楼改造成社区活动中心，靠收活动场地费多赚 30 万元。

# 6. 新农经济模式

**新农经济不等于种地卖菜，现在的农田里能长出智能大棚、直播带货、品牌 IP，甚至还能玩出碳汇交易！当然，新农经济也不是让你当农民，而是让你当产业链操盘手！**

### ➤ 模式拆解

新农经济的核心，是把“面朝黄土背朝天”的传统农业，升级为“数据 + 资本 + 品牌”的立体战场，主要有如下四个关键模块。

（1）技术驱动型农业。智能大棚自动控温控湿，无人机精准施肥打药，土壤传感器实时监测数据——这些才是新农人的标配。

（2）产业链价值重构。从田间到餐桌的全链条把控才有溢价空间。比如，云南的鲜花产业上游搞组培育种，中游建冷链物流，下游玩鲜花盲盒、永生花工艺品，各种产业链延伸使利润翻番。

（3）品牌化运营。五常大米、阳澄湖大闸蟹已经证明——农业品牌化才是暴利密码。我曾给内蒙古一家羊肉企业策划了“草原身份证”打法：每只羊耳朵挂溯源芯片，手机扫码就能看到生长轨迹，就这样把普通羊肉卖出了和牛价，让经销商抢着付定金。

（4）产销融合革命。社区团购、直播带货、会员制农场，这些新渠道能把农产品卖出奢侈品的感觉。

### ➤ 模式落地

第一步，基建数字化。

给农田装“数字神经”，先从土壤墒情监测仪、气象预警系统这些低成本设备入手。比如，某蔬菜合作社花 8 万元装监测系统，精准灌溉省了 30% 水费，病虫害预警让用药量减半，当年就回本。

第二步，组织公司化。

与农户结成利益共同体。我帮某地苹果产区设计的“土地入股 + 保底分红”模式：农户以地入股，企业统一管理，年底按产量分红。有个村 2000 亩地整合后，采购成本降 20%，销售价涨 35%，农户年收入翻两番。

第三步，产品 IP 化。

给农产品讲个好故事。我让四川种植不知火丑橘的农户在包装上印“我很丑但我很甜”，抖音话题播放破亿次；还可以搞“认养果树”活动，城里人花 999 元认养一棵树，包邮 60 斤果子，利润率直接拉到 300%。

第四步，渠道破壁术。

传统批发市场要砍掉中间商。比如，可以采用“冷链直供 + 社区团长”模式：48 小时从地头到社区，不但可以降低售价，且新鲜度吊打超市。

第五步，政策卡位战。

用好政策红利，如乡村振兴的补贴、低息贷款、用地指标。

**案例实操**

2024 年，我操盘了宁夏某戈壁滩的枸杞产业升级。这家企业原本靠卖原料，每斤枸杞只卖 8 元钱，还要看采购商脸色。我只用了三招，就让企业年利润破亿元。

第一招，技术降本。

在 5000 亩戈壁滩铺滴灌管网，架设光伏板发电，用智能分选机替代人工挑拣。成本从 6 元每斤压到 3.5 元每斤，品控标准提升到欧盟级，拿下高端超市入场券。

第二招，品类创新。

开发枸杞原浆、冻干粉、枸杞啤酒等 20 个深加工产品。最爆款的“熬夜元气包”瞄准 996 白领群体，直播间单场卖爆 50 万盒。

第三招，跨界联名。

跟某国潮奶茶品牌联名推出“枸杞 ×× 奶茶”，小红书种草笔记破 10 万篇。

结果：原料收购价提到 15 元每斤，深加工产品毛利率达 80%，还带动了周边农户发展民宿旅游。总之，用工业思维种地，用互联网思维卖货，用金融思维赚钱，却把土地变成了印钞机！

# 7. 出海经济模式

**全球 190 多个国家和地区，有人的地方就有钱赚！出海赚钱，把 Made in China 变成 Brand from China！**

### ➤ 模式拆解

出海经济是供应链能力 + 本土化运营 + 资本杠杆的三位一体战争，核心拆解为四大模块。

（1）产品本土化改造。别拿国内产品直接硬怼！比如，东南亚要防潮包装 + 大功率快充。

（2）渠道闪电战。TikTok Shop、亚马逊这些平台只是跳板，真正的大鱼在本地渠道。印度尼西亚的 Warung 小店（街边杂货铺）、墨西哥的 Oxxo 便利店才是终端战场。

（3）合规防火墙。欧盟的 CE 认证、中东的 Halal 认证都是护城河！例如，我帮助佛山某灯具厂提前半年拿下沙特 SASO 认证，单价涨 30% 照样卖爆。

（4）品牌认知劫持。在海外市场，先用白牌产品打认知，再用品牌产品收利润。

### ➤ 模式落地

（1）市场精准狙击

出海前，务必开展全面深入的市场调研，分析目标国家或地区的消费习惯、市场规模、竞争态势等，结合实地考察，精准定位目标客户群体，找到市场空白点或差异化竞争方向。

（2）本土化特战队，即在当地雇专业团队。例如，我建议广州一家服装厂的中东分公司花高薪雇本地有影响力的人当顾问，解决了清关纠纷。

（3）供应链快反体系。与海外供应商建立紧密合作关系，确保原材料供应稳定且能快速响应生产需求；引入先进的生产管理系统，实时监控生产进度，缩短生产周期。

（4）文化爆点营销。挖掘当地文化元素，结合产品特点策划文化爆点营销活动。

**案例实操**

出海即用中国的效率，赚世界的溢价！2023 年，我帮助珠海某智能门锁企业转战东南亚，三招逆袭。

第一招，产品再造。

调研发现，东南亚人指纹浅，传统指纹锁失灵率高。我们研发的“指纹 + 人脸 + 机械钥匙”三合一锁，哪怕暴雨天也能识别，还加装了防爆钢梁应对治安问题。成本只增长 15%，售价却比国内高 60%。

第二招，渠道闪电战。

放弃电商平台，直接攻占建材市场。在印度尼西亚每个城市找“锁王”——当地最大的锁具批发商，承诺独家代理权，但必须签对赌协议：首单 1000 把起订，三个月卖不完原价回购。结果，85% 锁王超额完成销售任务。

第三招，组合营销。

在马来西亚主推买门锁送中国游旅行券，这套组合拳打出后，市占率从 0 冲到 27%，逼得其他品牌智能锁降价 30%。

经过实施上述策略，2024 年，该门锁企业营收破 15 亿元，利润是国内的 5 倍。

# 产业整合篇

## 未来十年，这些行业藏着巨大商机

# 8. 产业链模式

**市场是由强弱关系决定的，产业链也是现金链。老板要学会从前端往后端走，赚别人看不到的钱，把简单的产品上升到产业链。**

## ➤ 模式拆解

企业只有把上下游资源整合成一条产业链，才能释放最大价值。产业链模式是用战略眼光重构商业生态，让每个环节都成为利润增长点。其本质在于将分散的生产要素整合成有机整体，通过协同效应实现“1+1>2”的效果。

拆解开来，产业链模式有三大核心。

（1）纵向整合。从原材料到终端的全链条掌控。通过掌控上下游资源，企业能降低采购成本，提高供应链稳定性。

（2）横向整合。构建产业集群的协同效应。横向整合是将同行业或相关行业的企业联合起来，形成规模效应。

（3）数字化赋能。用数据打通产业链堵点。通过物联网、区块链等技术，企业能实时监控生产、物流、库存等环节的数据，实现精准预测和快速响应。

只有把这三者有机结合起来，才能真正构建起一个高效、稳定的产业链体系。

## ➤ 模式落地

企业可以通过拓展上下游业务、构建产业生态、挖掘多元增值服务等途径，将业务触角延伸至产业链的各个环节，从而开辟出多条利润增长曲线。

第一步，绘制产业链全景图。

先弄清楚自己在产业链中的位置，画出上下游的关键节点，这一步是整个模式落地的前提。

第二步，建立战略联盟。

与上下游的核心合作伙伴建立长期战略合作关系，可以采用股权绑定、利益分成等方式加深合作。

第三步，打造数字化平台。

搭建一个数据共享平台，将所有环节的数据实时汇总、分析，以便在线监测原材料价格波动、库存水平、订单交付情况等。通过数据驱动决策，避免“信息孤岛”。

第四步，优化资源配置。

根据数据反馈，调整生产和库存策略。例如，在销售旺季，要提前增加原材料储备；在销售淡季，则要减少库存。同时，通过共享物流资源，降低运输成本。

第五步，建立风险防控机制。

在产业链的关键节点设置预警机制。比如，原材料价格波动超过一定范围时自动触发应急预案。

**案例实操**

一家新能源汽车企业只专注于整车制造，供应链完全依赖外部供应商，成本高且经常面临“断链”风险。企业通过以下三招，实现了产业链闭环。

第一招，向上延伸布局电池产业。

联合国内两家电池厂商成立合资公司，掌握核心电池技术。同时，在电池原材料领域进行投资布局，确保锂、镍等关键资源的稳定供应。

第二招，向下拓展充电网络。

与多家充电桩运营商合作，在全国范围内铺设自有品牌充电站，并通过 App 提供一站式充电服务，提升了用户体验，额外开辟了充电服务收入来源。

第三招，数字化串联全链条。

搭建覆盖原材料采购、电池生产、整车组装、充电服务的数字化平台，通过实时监控各环节的数据，实现精准排产和快速响应。

整合后，企业不仅将单车成本降低了 20%，还通过充电服务获得了额外收入来源。2024 年，第一季度订单量同比增长 80%，净利润率提高至 15%，市值突破千亿元大关。

# 9. 产业标准模式

**标准就是生产力，就是护城河！掌握标准的话语权，能够降低成本，提高效率，建立壁垒，完胜对手。**

### ➤模式拆解

产业标准模式，是指在某个行业里，由一家或几家企业主导制定的、各家企业都必须遵循的标准，涵盖产品规格、生产流程、质量把控等方面。一旦成为行业标准，企业的产品就会成为市场标杆。

产业标准模式背后蕴藏着巨大的战略价值。比如，掌握标准的企业更容易获得消费者的认可和信任，从而占据更大的市场份额；参与标准制定的企业往往拥有更先进的技术和更丰富的经验，能够形成技术壁垒，阻碍竞争对手的进入，还具有很强的议价能力和行业影响力。

### ➤模式落地

第一步，识别行业痛点，找到标准化切入点。

先搞清楚行业里的哪些环节最混乱、最需要规范。比如，我给某预制菜企业支着儿：从“净菜标准化”入手，统一原料清洗、切配流程，确保每份净菜重量误差不超过 2 克。

第二步，组建标准制定专班。

产业标准关乎整个行业的走向，必须联合多方力量，积极主动地与行业协会取得联系，快速集结各方势力。同时，要与上下游企业密切合作，让标准从源头到终端都切实可行。

第三步，分阶段推进标准化。

推进标准化进程要循序渐进。行业各个环节复杂多样，要先深入调研，找出那些流程相对简单、影响因素较少且易于把控的环节实行标准化。

第四步，用数据说话，建立标准公信力。

制定标准要有根基，以数据证明标准的科学性和实用性。一方面，要组织专业团队模拟各种实际场景进行实验，收集关键数据；另一方面，要深入行业实际运作中，收集实践数据。

第五步，打造标准闭环生态。

制定标准只是开始，还要让标准贯穿全产业链，确保每个环节都严格按照标准执行。为此，必须建立完善的认证、检测体系。同时，加强检测力度，定期或不定期对各环节进行抽检和督促整改。通过这种闭环管理，让标准在全产业链中持续发挥规范和引导作用。

**案例实操**

某预制菜企业产品同质化严重，利润微薄。我只用了三招进行标准化改革，就使企业在短短一年时间里发展成为行业标杆。

第一招，痛点切入。

调研发现，预制菜行业最大的问题是“口味一致性差”。我要求企业必须从“中央厨房”标准化入手，统一原料采购，统一加工工艺，统一包装规格。

第二招，联合制定团体标准。

联合 10 家上下游企业和行业协会，共同起草了一份关于预制菜品质的分级标准。明确规定了预制菜的感官指标、理化指标、微生物指标等 20 余项参数。

第三招，打造可视化认证体系。

推出“星级预制菜”认证服务：企业通过检测认证后，可在产品包装上贴“五星品质”标签面，这么做不仅能提升消费者的信任度，还额外增加了检测服务收入。

通过标准化改革，企业的单品价格提高了 50%，复购率从 30% 提高到 80%。可见，标准是通往财富的桥梁！

## 10. 量子产业模式

**量子科技能够改变我们的生活和产业。量子计算、量子通信、量子精密测量……这些技术一旦成熟，将会颠覆传统行业，催生新的商业模式。**

### ➤ 模式拆解

量子产业模式，是指基于量子技术，如量子计算、量子通信、量子精密测量等，所衍生出的新兴产业生态和商业模式。它涵盖了量子技术研发、设备制造、应用开发、解决方案提供等多个环节，并渗透到各个行业，如金融、医疗、材料、人工智能等。

### ➤模式落地

量子产业落地的关键在于将量子技术与具体行业需求结合，解决传统技术难以高效解决的痛点。

（1）聚焦行业痛点，找到量子技术的应用场景。

量子技术的强大之处在于其能够处理传统计算机难以解决的复杂问题。企业需要深入研究自身行业的痛点，并结合量子技术的特点，找到最适合的应用场景。

（2）构建产学研用协同的生态体系。

量子技术的商业化需要多方力量的协同作战。企业可以与高校、科研机构、上下游企业建立合作关系，共同开发解决方案，还可以通过并购整合量子技术相关的初创企业，快速获取技术和市场资源。

（3）采用灵活的商业模式，降低客户使用门槛。

量子技术的商业化并不意味着企业必须拥有昂贵的量子计算机，企业可以通过云服务将量子计算能力打包成订阅制服务，按需收费。这种方式不仅降低了客户的使用成本，还能够让更多中小企业享受到量子技术的红利。

（4）持续迭代技术与构建生态闭环。

量子产业的长期发展需要持续的技术迭代和生态闭环建设。企业需要建立“研发—应用—反馈”的闭环机制，根据客户需求不断优化量子算法和硬件性能。同时，通过建立“开发者社区”或并购整合相关企业，丰富应用场景，提升生态系统的完整性。

**案例实操**

D-Wave Systems是全球最早的commercialize量子计算技术公司之一，成立于1999年，总部位于加拿大温哥华，通过独特的量子退火技术（Quantum Annealing）实现了商业化落地。

D-Wave的核心产品是基于量子退火技术的量子计算机，专注于解决复杂的优化问题，主要面向特定应用场景，例如，优化配送路线，降低运输成本；优化投资组合，提升风险预测能力；加速分子筛选和药物设计等。

通过与IBM、Google等科技巨头合作，D-Wave将其量子计算能力集成到云服务中，让更多企业能够远程访问量子计算机。

D-Wave 采用了“订阅制 + 合作伙伴生态”的商业模式。企业按需付费使用 D-Wave Leap 平台的量子计算服务。截至 2023 年，D-Wave 的量子计算技术已经在多个行业取得了显著成果。尽管 D-Wave 的量子计算机尚未达到“量子霸权”，但其商业化探索为量子产业树立了标杆，通过实践证明了技术驱动型量子企业的商业化并非遥不可及。通过聚焦应用场景、构建合作伙伴生态、创新商业模式，企业可以在量子赛道中占据先机。

## 11. 储能产业模式

**在全球能源转型的大潮下，储能就是未来的“电力银行”。谁掌握了储能技术，谁就掌握了能源市场的定价权！**

### ➤ 模式拆解

储能产业的本质是用技术手段解决能源供需不平衡的问题。拆解开来有三大核心逻辑：

（1）技术路线决定市场地位。

储能技术百花齐放，谁能胜出？锂电池是当前主流，但钠离子电池、液流电池等新技术正在快速崛起。

（2）市场定位决定商业模式。

储能的应用场景分为电网侧、用户侧和发电侧。电网侧需要大规模储能来平衡电网负荷；用户侧需要分布式储能来降低用电成本；发电侧需要储能来解决可再生能源的波动性问题。

不同的市场定位决定了不同的商业模式。

电网侧：与电力公司合作，提供调峰调频服务；

用户侧：推出“光储一体化”套餐，帮助用户节省电费；

发电侧：为风光电站提供储能解决方案，提高发电效率。

（3）生态协同决定长期竞争力。

从上游原材料到下游应用场景，储能产业的每个环节都需要紧密协同。例如，比亚迪通过“电池 + 汽车 + 储能”闭环生态，在全球储能市场占据了领先地位。

### ➤模式落地

储能产业的落地并非易事，企业需要在技术路线选择、供应链整合、市场定位、数字化赋能等方面下功夫。

第一步，选择适合的技术路线。

储能技术路线的选择是企业发展的核心命题，要根据市场需求和技术成熟度进行精准判断。例如，如果企业的目标市场是电网侧储能，那么液流电池因其寿命长和安全性高成为理想选择。

第二步，构建供应链护城河。

供应链是储能企业的生命线，直接决定了企业的成本控制能力和市场响应速度。在上游原材料方面，企业需要积极布局锂矿、镍矿等关键资源，避免因上游供应不稳定而陷入被动；在中游制造环节，企业应注重生产线的自动化和智能化升级，提升电池的一致性和产品质量；在下游应用端，企业需要与电力公司、光伏企业等核心客户建立长期合作关系，确保订单的稳定性和可持续性。

第三步，差异化市场定位。

在储能市场日益激烈的竞争中，企业要专注于某一细分市场并深入挖掘其价值。例如，在户用储能领域，企业可以推出“傻瓜式安装”的储能产品，方便用户轻松使用。

第四步，数字化赋能。

数字化是提高储能企业运营效率和市场竞争力的重要手段。企业可以通过搭建储能云平台，实时监控储能设备的运行状态；通过大数据算法优化储能系统的运行策略，提高能源利用效率；通过区块链技术实现储能资产的透明化管理，增强客户信任度。

**案例实操**

×××公司是一家中小型储能企业，原本只做传统铅酸电池。2023 年，我参与了该企业的转型谋划，只用三招就帮助该企业成功实现弯道超车。

第一招，技术路线聚焦。

经过详细的调研，我们发现，分布式户用储能市场正在爆发式增长，因此建议企业将重心放在磷酸铁锂电池的研发上，并推出了“即插即用”储能产品，深受欧美市场欢迎。

第二招，供应链垂直整合。

通过入股上游锂矿企业和电池材料厂商，确保原材料供应稳定。同时，在国内建立了两条全自动生产线，将生产成本降低了 30%。

第三招，差异化市场定位。

主打“储能 + 节能”概念，推出“光储一体机”套餐，迅速在欧美市场打开了局面。用户安装屋顶光伏 + 储能设备后，不仅可以用太阳能发电，还能在电价高峰时用储存的电省钱。

通过上述措施，2024 年第一季度订单量同比增长 400%，成为储能行业的一匹黑马。可见，储能产业是一场马拉松！技术、供应链、市场定位、数字化、资本运作——环环相扣，缺一不可！

## 12. 无人汽车产业模式

**无人驾驶是彻底颠覆整个出行生态的革命。特斯拉、Waymo 已经证明了这条赛道的价值，但真正的爆发点才刚刚开始。谁先布局无人汽车产业，谁就掌控了未来的出行经济！**

### ➤ 模式拆解

无人汽车产业的本质是通过自动驾驶技术重新定义出行方式。无人汽车的核心竞争力在于自动驾驶技术是否成熟，包括感知（激光雷达、摄像头）、决策（AI 算法）和执行（线控底盘）。企业需要根据自身资源和市场需求选择最适合的技术路径，以满足适用场景的需求。

无人汽车的应用场景决定了商业模式，目前有三个主流方向。

（1）乘用车市场：以辅助驾驶为主，逐步向完全自动驾驶过渡。

（2）商用车市场：无人物流车、无人公交车正在快速落地。

（3）特种场景：矿区、港口等封闭环境下的无人作业车需求旺盛。

### ➤ 模式落地

第一步，技术路线的选择与布局。

根据自身资源和市场需求选择技术路线。车企可以选择“渐进式”路线：从 L1/L2 辅助驾驶做起，逐步向 L3/L4 过渡；科技公司可以选择“跨越式”路线：直接布局 L4 无人驾驶技术（如 Waymo）。

同时，要注重软硬件结合，既要掌握核心算法（如感知算法、决策算法），又要布局关键硬件（如激光雷达、摄像头）。

第二步，应用场景的精准定位。

专注于某一细分场景打穿。例如，乘用车最好推出“自动泊车 + 车道保持”功能，商用车可推出无人物流车。

第三步，构建开放的生态体系。

无人汽车需要一个开放合作的生态体系。为此，企业要与芯片厂商合作开发车载计算平台，与地图厂商合作优化高精度地图，与通信运营商合作实现车路协同，与政府合作推动政策法规的完善。

第四步，数据闭环的建立与优化。

数据是无人汽车的“燃料”，要通过数据闭环不断提升算法性能。具体来说，要建立车队运营体系，积累真实场景下的行驶数据，并构建数据标注和算法训练平台，优化感知和决策算法。

第五步，商业化路径的设计与执行。

商业化是技术落地的最终目标，要根据应用场景设计合理的商业模式。同时，要注重用户体验和安全性，让用户真正感受到无人汽车带来的价值，最终实现大规模商业化。

**案例实操**

作为全球领先的无人驾驶技术提供商之一，小马智行自动驾驶科技公司专注于 L4 级自动驾驶解决方案的研发与商业化落地。其业务覆盖 Robotaxi（无人驾驶出租车）、无人物流车和自动驾驶卡车等多个领域。

小马智行的成功离不开其清晰的产业模式设计。以下是其核心打法：

（1）技术驱动：打造全栈式自动驾驶解决方案。

小马智行自主研发了包括感知、决策规划、控制在内的全栈式自动驾驶系统。通过多传感器融合技术（激光雷达、摄像头、毫米波雷达等），实现了高精度环境感知和复杂场景下的自动驾驶能力。

（2）场景聚焦：从 Robotaxi 切入，逐步扩展至商用车领域。

小马智行首先选择了 Robotaxi 作为切入点，于 2018 年在广州南沙推出了国内首个 Robotaxi 试运营服务，并逐步扩展到中国北京、上海、深圳和美国加州等地，还将技术应用到无人物流车和自动驾驶卡车上，进一步拓宽了商业版图。

（3）生态协同：构建开放合作的产业生态。

小马智行积极寻求与产业链上下游企业的合作。例如，与车企合作，共同开发自动驾驶车辆；与京东物流、顺丰速运等物流巨头合作，探索无人物流车的实际应用场景。

（4）商业化路径：多种盈利模式并行。

小马智行根据不同的应用场景设计了多样化的商业模式。另外，通过技术授权获取一次性或持续性收入。

截至 2024 年，小马智行已在全球范围内完成了超过 100 万次的自动驾驶测试和运营里程，累计融资金额超过 15 亿美元，估值突破 100 亿美元。

## 13. 芯片制造产业模式

**芯片产业是技术、资本、生态三者交织的超级赛道。谁掌握了芯片，谁就掌控了未来科技的命脉！**

### ➤ 模式拆解

所谓“芯片制造产业模式”，是指围绕集成电路芯片的设计、制造、封装测试等环节，构建的完整产业链生态和商业模式。它涵盖了芯片设计公司、晶圆制造厂、封装测试企业、设备和材料供应商等多个环节，并受到国家政策、技术创新、市场需求等多重因素的影响。

芯片制造的每个环节都有其独特的商业逻辑和技术壁垒。概括起来，有三大产业逻辑：

（1）技术驱动型产业。芯片制造的核心在于制程工艺和架构设计。当前，主流制程已经进入 5nm 甚至 3nm 时代，而摩尔定律的延续依赖 EUV 光刻机、极紫外光刻技术等尖端设备。

（2）资本密集型产业。一条先进制程的晶圆厂建设成本高达百亿美元，且设备折旧速度快，研发投入巨大。但是，高投入也会带来高回报。

（3）生态协同型产业。芯片产业需要全产业链协作。上游包括 EDA 软件（如 Cadence、Synopsys）、半导体材料（如硅片、光刻胶），中游是晶圆代工厂

（如台积电、三星），下游则是终端应用厂商（如苹果、华为）。只有构建起完整的生态链，才能实现规模化量产和持续创新。

### ➤ 模式落地

芯片制造产业模式的有效落地，是推动芯片产业从蓝图构想迈向实际生产力的关键。

首先，要明确自身定位。

入行之前要扪心自问：是想做芯片设计、晶圆制造，还是封装测试？不同的环节需要不同的技术和资金投入。初创企业，可以考虑从门槛较低的芯片设计领域入手，更容易取得突破。同时，要注重知识产权的保护，申请专利，避免被竞争对手抄袭。

其次，要有足够的研发投入。

芯片制造是技术密集型产业，需要持续的研发投入才能保持竞争力。可以通过与高校、科研机构合作，共同进行技术研发，并引进国内外优秀人才，组建专业的研发团队。

再次，要争取政策优惠。

芯片制造是国家战略性产业，受到政府的高度重视，可以积极申请政府的研发补贴、税收优惠等政策支持，降低企业运营成本。同时，要与政府保持良好的沟通，了解产业发展方向，及时调整企业发展战略。

又次，要加强产业链协同。芯片制造产业链非常长，需要各个环节的企业协同配合才能完成。可以与设备供应商、材料供应商、封装测试企业等建立战略合作关系，共同推动芯片制造产业的发展。

最后，要开拓市场，扩大销售规模。

芯片制造的规模效应非常明显，只有扩大销售规模才能降低生产成本，提高盈利能力。可以通过参加国际性的电子展、行业研讨会等活动，宣传企业的产品和技术，拓展客户资源。同时，要注重产品质量和售后服务，赢得客户的信任，建立长期合作关系。

**案例实操**

在全球晶圆代工市场上，大体可以分为三个梯队，第一梯队前两名是台积电、三星，第二梯队三至五名是中芯国际、联电、格芯，第三梯队是华虹集团等。

多年来，全球前十大晶圆代工企业的排名整体变化不大，仅是小范围调整。但近两年的变化就有些大了，三星也没有料到，下滑如此严重，竟然会被中芯给集体超越了。

中芯国际（SMIC），是中国大陆最大的晶圆代工厂，致力于提供世界一流的芯片制造服务。公司成立之初，受到技术封锁和人才短缺等诸多挑战，但公司始终没有放弃自主研发的决心，经过多年的努力，终于在芯片制造领域取得了重要进展。

中芯国际积极与国内外设备供应商、材料供应商合作，共同开发新的设备和材料。他们与 ASML、Applied Materials 等国际知名设备供应商建立了战略合作关系，共同研发先进的光刻机和刻蚀设备。同时，他们也积极扶持国内设备和材料企业，推动国产化替代。

中芯国际积极开拓市场，扩大销售规模，通过提供高质量的芯片制造服务，赢得了国内外客户的信任。他们与华为、联发科等知名芯片设计公司建立了长期合作关系，为他们提供芯片制造服务。同时，他们也积极拓展海外市场，提高国际竞争力。

## 14. 智能家居产业模式

**智能家居是未来家庭的标配，不仅是硬件的堆砌，更是场景化服务的延伸。从灯光到安防，从温控到娱乐，每个细节都可以通过智能化实现无缝连接，满足消费者对品质生活的追求。**

### ➤模式拆解

智能家居的本质是通过物联网技术将家庭设备互联互通，为用户提供便捷、舒适、安全的生活体验。要玩转这个赛道，必须搞清楚三个核心产业逻辑：

（1）硬件 + 软件双轮驱动。智能家居的核心在于硬件与软件的深度融合。硬件包括智能音箱、智能灯泡、智能门锁等设备，而软件则是控制这些设备的 App 和 AI 算法。

（2）场景化解决方案。智能家居要提供完整的场景化解决方案，因为只有场景化的服务，才能真正打动消费者。

（3）生态协同型发展。智能家居涉及多个领域，要构建开放的生态系统。只有通过生态协同，才能实现真正的互联互通。

### ➤ 模式落地

在智能家居产业领域，我提出的“五步操盘法”简单、实用，而且是经过市场实战检验、深度扎根于行业发展脉络的高效战法。

（1）“傍大款”战略：借力打力，事半功倍。

别再单打独斗，要与那些有用户基础和渠道优势的大平台合作。比如，把你的产品融入小米、华为、阿里等商业巨头的生态系统，就能搭上它们的顺风车，直接把产品卖给终端用户。

（2）“农村包围城市”战术：先易后难，稳扎稳打。

先从那些对价格敏感、对智能化需求不那么高的用户入手，如出租房市场、经济型酒店都是你的机会。只有先把量做起来，把口碑打出去，才能慢慢向高端市场渗透。

（3）“爆款单品”策略：集中火力，一炮打响。

先集中精力做几个有爆款潜质的智能家居单品，如智能门锁、智能照明、智能安防摄像头，这些产品需求度高，只要做到极致，就能帮助我们在市场上站稳脚跟。

（4）“用户体验”至上原则：用心打磨，口碑相传。

金杯银杯不如用户的口碑！智能家居产品是服务用户，提升生活品质的，所以用户体验是重中之重。要结合用户的反馈，把产品做得简单易用、稳定可靠，才能提升用户体验。

（5）“场景化营销”策略：情景再现，激发需求。

要学会营造场景，激发用户的购买欲望。只有将用户带入智能化的生活场景中，让他们感受到智能家居带来的好处，才能真正激发他们的需求。

**案例实操**

2014 年，小米开始布局智能家居领域，凭借“高性价比 + 生态链”模式，在智能家居赛道上迅速崛起。

第一步，打造爆款单品，切入市场。

小米首先推出了单品爆款——售价仅 99 元的小米智能插座，成为现象级产品，继而又推出了智能灯泡、智能摄像头等一系列产品。小米的每款产品都以高性价比和易用性为卖点，逐步获得消费者的认可。

第二步，构建开放生态，扩大边界。

小米采取了“投资＋孵化”的方式，与众多创业公司合作开发智能家居产品，还推出了“米家”品牌，将生态链产品纳入统一的管理框架，确保不同品牌的产品能够互联互通。

第三步，推出全屋智能解决方案，提升用户体验。

随着生态链产品的不断丰富，小米推出了“小米智家”App，帮助用户管理所有设备，实现真正的全屋智能。

第四步，强化品牌营销，扩大影响力。

小米通过举办新品发布会、社交媒体宣传等方式，不断提升智能家居业务的品牌影响力，还与房地产开发商合作，在新房交付时预装智能家居设备，直接触达目标用户群体。

小米的成功为行业树立了标杆——通过单品爆款切入市场，构建开放生态，提供全屋智能解决方案，最终实现商业价值的最大化。

# 战略定位篇

## 战略对了，一年顶别人干十年

# 15. 规模碾压模式

**成功没有捷径，数量本身就是一种质量，商业没有经营技巧，而是用规模碾压的商业霸权。以规模为剑，模式皆为辅助。**

### ➤ 模式拆解

规模碾压模式的战略定位，就是通过大规模化，形成相对于竞争对手的明显优势，从而在市场中占据领先地位的战略选择。这种战略定位的核心在于通过规模经济效应降低成本，提高效率，并以此为基础构建竞争优势。

规模扩张能够为企业带来显著的成本优势，使企业在市场定价上拥有更大的灵活性，能够以更低的价格吸引消费者，进而扩大市场份额，挤压竞争对手的生存空间。

### ➤ 模式落地

（1）完善供应链体系。随着业务量的增加，企业有能力与更多优质的供应商建立长期稳定的合作关系，甚至可以对供应链进行垂直整合，形成完善的供应链体系，从而更快地响应客户需求，在交货速度上领先于竞争对手，赢得客户的信赖和市场的认可。

（2）在研发投入方面加大力度。大量的资金可以投入新技术、新产品的研发中，推动企业不断创新。

（3）把更多的资金用于市场推广和品牌建设。通过大规模的广告投放、举办各类营销活动，企业能够迅速提升品牌知名度，将产品推向更广泛的市场。

**案例实操**

丰田在全球拥有庞大的生产网络，每年汽车产量数以千万计。大规模生产使其在零部件采购上拥有超强的议价能力。同时，丰田高度自动化的生产线前期虽投入巨大，但分摊到海量产品上，单位产品的设备折旧成本大幅降低。这让丰田汽车在市场定价上更具竞争力，以亲民价格吸引众多消费者。

电商巨头亚马逊不断拓展业务规模，随着订单量的爆炸式增长，在全球范围大规模建设物流中心和配送站点。截至 2024 年，其在全球拥有超 1200 个物流设施，更是凭着规模优势与联邦快递、UPS 等物流巨头深度合作，获取更优惠的物流价格。同时，亚马逊自主研发物流技术，投资建设配送无人机项目，实现部分地区 30 分钟内送达。

2025 年 3 月 3 日，蜜雪冰城股份有限公司在港交所主板挂牌上市，上市首日高开超 29%，总市值达 980 亿港元，打破既往茶饮品牌上市即“破发”的魔咒。3 月 11 日，蜜雪集团盘中再度涨超 8%，股价最高一度涨至 430 港元，较招股价 202.5 港元已翻番，总市值更是突破 1600 亿元。蜜雪冰城把中国乡镇的生存智慧包装成消费主义炮弹——从郑州街头的刨冰机到横跨多个大洲的 4000 多家门店，再到现在港交所主板成功上市，这场商业革命的核心算法永远只有两个词：便宜、规模。

## 16. 八爪鱼商业模式

**触手所及，皆为利薮。企业通过多维度布局形成生态闭环，将触手延伸至各细分领域，才能构建起难以撼动的商业壁垒。**

### ➤ 模式拆解

八爪鱼被誉为高智商的海洋生物，拥有很多触手，并且具有适应环境变化的无穷自由度 + 整体局部之间高度独立性和协同性，同时具有强大的再生修复能力、爆发力、瞬间转换力，是当之无愧的海洋无脊椎动物之王。八爪鱼商业模式定位是在行业或品类方面同时选择一个或多个局部区域，在不同策略和统一战略的聚焦运作下，将这些区域塑造成当地市场的“第一”，从而构建多个吸盘，将目标有力地吸附住。

### ➤ 模式落地

企业如同八爪鱼一般，以核心业务为主体，向外拓展出多条相互关联又相对独立的业务线。这些业务线各自发挥独特功能，又协同作用，共同构建起企业的商业生态。

（1）多元化布局。与传统商业模式聚焦单一产品或服务不同，八爪鱼商业模式强调多元化布局，企业提供服务和产品需多元化，采用的盈利方式也要多方向发力，而不局限于某个单一产品或服务。

（2）不断寻找新的业务增长点。企业的业务要随着市场的需求不断调整，寻找到新的增长点。

（3）实现业务的拓展与延伸，在业务触手之间形成紧密的协同关系。凭着灵活应变的市场适应力，企业可以快速调整业务触手的布局和发展策略，最终实现多元化经营战略。

（4）规避资源分散的问题。企业在选择扩大业务的同时，会分散资金、人才和管理资源，导致每个业务都难以做到最好。因此，既要拓展业务，也要避免过度分散。

**案例实操**

小米以智能手机为核心产品，凭借高性价比和出色的用户体验迅速占领市场份额，又围绕手机业务推出了 MIUI 系统，不断优化系统功能和用户界面，提升用户使用手机的便捷性和个性化体验。在此基础上，小米构建了庞大的智能家居生态链，涵盖智能音箱、智能摄像头、智能门锁、智能家电等众多产品。这些产品均与小米手机互联互通，用户可通过手机实现对各类设备的远程控制和智能化管理。同时，小米的互联网服务业务，如应用商店、云服务等，为手机用户和智能家居用户提供了丰富的软件和数据存储服务，各种业务互相促进、协同发展。

腾讯以社交业务起家，QQ 和微信等社交平台在国内占据主导地位，积累了庞大的用户群体。基于社交平台的流量优势，腾讯大力发展游戏业务，还在数字内容领域发力，通过版权购买和自制内容，为用户提供丰富的数字娱乐内容。在金融科技领域，腾讯推出了微信支付，与支付宝共同占据了国内移动支付市场的重要份额，并以此为基础拓展了理财、信贷等金融服务。社交平台为游戏、数字内容等业务提供了强大的推广渠道和用户引流入口，用户可通过社交账号便捷登录游戏和数字内容平台，实现账号互通和社交互动。微信支付则为腾讯各业务的交易结算提供了便利。同时，数字内容和游戏业务的发展也为微信支付带来了更多的支付场景，提升了用户对微信支付的使用频率和依赖度。

美团最初以团购业务切入市场，后来在外卖、电影票务、民宿、旅行、打车、支付、零售等多个领域都有所涉猎，各业务之间通过数据共享、用户流量互导等方式，形成了协同发展的生态体系。

# 17. 闪电式扩张模式

**快者为王，唯快不破。企业通过资本加持和资源整合，以指数级速度抢占市场份额，在竞争对手尚未反应时已形成垄断优势。**

## ➤ 模式拆解

闪电式扩张模式追求“以快制胜”之道，当你的战略定位依赖拥有大量用户并从中获得反馈时，优先考虑速度而非效率显得尤为重要，由此能获得快速增长。闪电式扩张模式不仅适用于规模化企业和初创企业，对于大型成熟的公司同样重要。

闪电式扩张模式是指企业在特定时期内，为迅速占领市场、获取竞争优势，以极快速度大规模扩张业务的一种战略模式，具有以下特点和相关要点：

（1）增长速度快。企业在用户数量、市场份额、业务规模等方面呈现爆发式增长。

（2）资源投资量大。需要投入巨额资金用于市场推广、技术研发、人才招聘等。

（3）扩张果断迅速。在市场不确定因素较多、盈利模式尚未完全清晰时就果断扩张。

## ➤ 模式落地

闪电式扩张是一种加速剂，可以在公司原有业务的基础上开拓新的模式以实现疯狂增长的效应，从竞争的泥潭中解脱出来。闪电式扩张追求高速增长而非“快速做大”，它需要有目的、有意识地去做传统商业思维认为没有意义甚至不敢去想的事。

（1）要有强大的产品或服务、充足的资金支持、优秀的团队和组织能力。

（2）闪电式扩张要在避免风险的基础上进行。

（3）采用闪电式扩张模式的战略定位之前，需要衡量和承受适度的风险，优先考虑正确性，然后才是速度。

（4）永远谨记，闪电式扩张不仅需要勇气和技巧，而且需要金融资本和人力资本的支持，这是闪电式扩张的基础。

**案例实操**

在智能手机兴起的背景下，桌面端的主流社交产品腾讯 QQ 增长遇到瓶颈。腾讯员工张小龙向马化腾建议为智能手机开发新型社交通信软件，马化腾当晚决定让张小龙组建一个 10 人团队进行开发。很快，团队推出微信，仅用了 16 个月就迎来了 1 亿用户。又过了 6 个月，用户数量增加到 2 亿；再过 4 个月，用户数量增加到 3 亿。微信不断推出新功能，从最初的即时通信，到朋友圈、公众号、微信支付等，让微信从单纯的社交工具，发展成为集社交、内容、支付、生活服务等多功能于一体的超级应用。

微信开放平台允许第三方开发者接入，打造了丰富的小程序生态，涵盖了购物、出行、娱乐、办公等各个领域，进一步丰富了微信的功能和使用场景，吸引了更多用户和开发者加入，形成了庞大的生态系统，巩固和扩大了微信的用户基础和市场影响力。

# 18. 低价打击模式

**质量为王，便宜是金！价格战，要不要打？这是做企业时刻自问的一个命题。一味追求低价竞争，企业容易陷入恶性循环，但为了抢占市场份额，有时候低价打击模式也会成为一种高效的竞争战略。**

## ➤ 模式拆解

低价打击模式是指企业通过将产品或服务的价格设定在低于市场平均价格的水平，快速抢占市场份额，挤压竞争对手生存空间，并最终实现重塑行业格局的竞争策略。其核心逻辑是通过短期利润牺牲换取长期市场主导权。

在一些竞争激烈、产品同质化严重的行业里，低价打击可能引发行业洗牌，促进行业整合，影响行业的创新活力与竞争态势，还可能凭借强大的影响力，在短期内让消费者受益。企业在运用这一策略时，需谨慎权衡利弊，注重长期可持续发展；监管部门也应加强市场监管，确保市场竞争的公平性与健康性，维护消费者的长远利益与行业的创新活力。

### ➤模式落地

低价打击模式的实施，往往基于企业对成本的极致控制。

（1）把价降在“刀刃上”，打击老对手。在市场竞争中，低价打击如同凌厉的攻势，直击对手要害，对于价格敏感型消费者占比较高的市场效果显著。

（2）用低价有效遏制新进入者的脚步。在价格竞争日趋激烈的背景下，新企业进入市场难度颇大，需要投入巨额资金用于价格竞争，且还可能面临消费者对其品牌认知度低的困境。

（3）企业需要有足够多的资本耐力，精准选择打击对象。通常，要针对标准化、高频、低差异化的商品，设计清晰的盈利闭环，而避免盲目跟风，陷入“烧钱无底洞”的困境，最终沦为市场泡沫。

**案例实操**

从 2023 年 5 月开始，瑞幸咖啡开启新一轮 9.9 元的价格竞争。通过优惠券、补贴等形式，让大量产品以低价进入市场，价格优势明显。10 元出头的价格对星巴克、Seesaw 等中高端咖啡品牌造成巨大冲击，导致星巴克 2024 年第四财季中国市场同店销售额下降 14%，也导致 Seesaw Coffee 截至 2024 年 11 月 22 日关闭门店数相比年初多了将近一半。凭借低价策略，瑞幸咖啡快速扩大市场份额。2024 年三季度月均交易用户数达到 7985 万人，第三季度收入 101.81 亿元，同比大涨 41.4%。

在竞争激烈的电商领域，拼多多以独特的低价打击模式脱颖而出，改写了行业格局。短短数年，拼多多依靠“拼工厂”模式，直接与源头工厂合作，降低成本，以极具竞争力的价格，迅速成长为电商巨头。

拼多多还借助大规模团购与流量优势打造拼团玩法，汇聚了海量订单。另外，“百亿元补贴”是拼多多的招牌策略，平台投入巨额资金补贴热门商品，使其价格比其他平台低几百元甚至更多。同时，拼多多还利用砍价、助力等社交裂变玩法，在拉新的同时，通过新用户专享低价商品，进一步强化低价印象，吸引新用户。

拼多多的低价策略对阿里、京东等传统电商巨头的市场份额造成冲击，在服装和日用品领域迫使淘宝、京东也推出类似的低价促销活动和补贴策略；在生鲜电商、跨境电商等细分领域凭借低价优势跨界竞争，让一些专注细分领域的新兴电商平台发展受阻。

拼多多利用“低价打击模式”崛起，引发了全行业的价格竞争，促使各大电商平台纷纷跟进推出各种低价促销活动和补贴政策，使消费者享受更多价格优惠，促进了商品流通和消费升级，但也压缩了行业整体利润空间。

## 19. 快速复制商业模式

**快速复制商业模式，犹如按下商业发展的快捷键，使企业迅速扩张，实现规模效益的飞跃。不要总是埋头苦学，还要抬头看路。找到那些已经证明有效的模式，快速复制！**

### ➤ 模式拆解

快速复制商业模式是指打造一种行之有效的盈利模式，迅速进行自我复制，形成连锁效应。

在当今的商业世界中，快速复制商业模式已成为企业实现规模扩张与持续增长的重要策略。快速复制是一套涉及精准洞察、精心规划与高效执行的复杂流程。例如，星巴克在售卖咖啡的同时，营造了一种“第三空间”的体验。企业复制星巴克的经营模式，关键在于抓住“第三空间体验”这一核心价值，才能确保模式的本质得以延续，吸引目标客户群体。

### ➤ 模式落地

快速复制落地之前，必然形成能够标准化执行的流程。

（1）企业必须将商业模式中的各个环节进行标准化。麦当劳堪称这方面的典范，在每个经营环节都有一套严格且详细的标准化流程，使客户无论身处世界何地，都能享受到一致品质的产品与服务。

（2）安排合适的人才去执行。企业在复制过程中，要建立完善的人才培养体系。例如，海底捞施行师徒帮带制度，培养出大批深谙服务理念与操作规范的员工。

（3）企业具备敏捷调整的能力。互联网企业在扩张过程中要迅速收集市场反馈，灵活调整运营策略，如优化配送范围、与当地特色商家合作等，在保持商业模式核心框架不变的前提下，对细节进行适应性调整，以便更好地契合当地市场的需求。

（4）海量的品牌传播。当企业在新区域复制模式时，要制订有针对性的品牌推广方案。例如，瑞幸咖啡采取线上线下结合的营销方式，快速提升品牌知名度。在新市场中，持续且有力度的品牌推广能加速消费者对新复制门店的认知与接受，助力商业模式快速打开市场局面。

快速复制商业模式是企业实现快速发展的有力武器，但企业要在精准洞察、精心规划与高效执行等多方面协同发力，方能在新市场中成功复制好的经验。

**案例实操**

郑远元修脚房是一个快速复制商业模式成功的典型案例。郑远元以专业、亲民的修脚及足部护理服务为核心，为消费者提供高性价比的足部健康解决方案，让消费者以实惠价格享受专业服务，解决足部问题并放松身心。从店铺装修风格到服务项目、操作手法、服务流程都高度标准化。全国8000多家门店保持统一形象，技师经过专业培训，按标准流程提供服务，保证服务质量稳定。

在创始人郑远元的老家陕西安康市开设培训学校，专门培养修脚技师。学员毕业后直接输送到各地门店，为门店扩张提供了充足、专业的人才支持。

形成单店盈利模型后，通过“分配激活 + 目标保障 + 人才匹配”的方式，将成功的单店经验快速推广。同时，打造连锁赋能商业模式，强化人才孵化和资本运作能力，借助大数据精准锁定客户，实现与客户的深度绑定和长期合作。通过大规模的门店布局，在全国各大中小城市的繁华地段开设店铺，形成品牌影响力，赢得了消费者的信任。

## 20. 区域领先模式

**“强龙难压地头蛇”。企业通过集中资源在特定区域建立绝对优势，形成进可攻、退可守的战略支点，为后续扩张奠定坚实的基础。**

### ➤模式拆解

区域领先模式是建立在区域强势概念基础上的赢利模型或发展战略。其核心特点是地区聚焦、成本优势、市场覆盖和有序扩张。该模式强调将企业的资源和精力集中在一个或少数几个地区，通过深度开发和精耕细作，占据绝对领先地位，形成规模经济，从而在用人成本、后勤成本和广告成本等方面比竞争对手具有成本优势。

该模式倡导有序投资政策，即先将分支机构转变为地区领袖，再考虑向其他地区扩张。其核心在于“深耕区域市场，建立局部垄断优势”。

### 模式落地

想要布局区域领先模式，首先，企业需要了解各个区域的市场容量、竞争格局及自身在该区域的竞争优势，从而选择最适合发展的地区。其次，企业需要集中资源进行深度开发和市场推广，还要提供优质的产品和服务，建立品牌形象，提高客户满意度和忠诚度，从而形成竞争优势。再次，企业需要继续加强在这些地区的投入和运营，巩固领先地位，防止竞争对手的入侵。最后，企业才可慎重考虑向其他地区扩张。

区域领先模式通过区域深耕建立“护城河”，形成“进可攻（向外扩张）、退可守（抵御外部竞争）”的根据地；积累可复制的运营经验，为后续扩张奠定基础。但需警惕“区域舒适区陷阱”——若长期固守本地市场，可能会错失行业整合机遇。

（1）利用大数据或通过问卷调查，筛选目标用户所在的潜力区域，分析消费者需求、偏好及痛点，识别区域内竞争对手，分析其产品、定价、渠道和市场占有率。

（2）制定区域策略。可以分为短期（3~6 个月）和长期（1~3 年）目标。模式上可以选择轻资产，也可以通过重资产模式自建团队。

（3）组建团队。根据地域文化进行产品或服务的调整与运营。

（4）小范围试点与优化。选 1~2 个代表性区域进行试运营，测试产品、服务和运营的可行性。收集用户反馈、销售数据、运营成本等，验证商业模式。

**案例实操**

胖东来可谓河南地区一个标志性的超市品牌，如日中天的它有着自己特有的经营方式，商品种类丰富的同时，营销策略也是多样化的，再加上贴心的服务，让它成为一个十分独特的“超市”。在电商快速崛起的时代，传统零售行业面临着巨大的冲击，但胖东来却坚守一隅，成为区域零售市场的王者。

在流量红利的加持下，胖东来并未盲目扩张追求规模，而是选择在许昌和新乡地区深耕细作。这种“少而精”的经营模式，避免了资源的无谓耗散，确保了企业运营的高效率与执行力。依托河南当地发达的路网交通，胖东来打破了传统商超 5 公里服务半径的局限，其影响力辐射至高速公路及高铁 1 小时交通圈内，囊括了郑州、长葛、新郑等众多城市，形成了一个密集的零售服务网络。

胖东来是区域领先模式最成功的践行者。只要有胖东来，周边 5 公里没有大型超市，可以说它打败了家乐福、沃尔玛等，现在居然也“威胁”到了郑州的大型超市，导致郑州的很多人来到许昌胖东来进货。为了满足顾客需要，胖东来计划把店开到郑州，但胖东来依然坚持着区域领先模式。

## 21. 异类突围模式

**同质化时代，唯异类才能突围。在红海中开辟蓝海，以差异化战略实现弯道超车，最终完成从边缘到主流的华丽蜕变。**

### ➤ 模式拆解

异类突围商业模式是由“异类”和“突围”两个核心要素组成的，指企业在面对激烈的市场竞争时，采用与众不同、独树一帜的商业策略，以规避市场竞争压力，形成差异化的竞争优势，从而实现突围和领先。它要求企业具备敏锐的市场洞察力、独特的资源和能力，以及敢于挑战常规的勇气。其核心在于跳出传统竞争框架，通过重新定义价值主张、重构资源组合或颠覆行业规则，形成独特的竞争优势。

这种模式的核心要素是差异化的价值主张，关键在于通过满足用户未被满足的需求或创造新需求，提供独特价值。这是一种非对称性竞争策略，侧重于利用自身资源或技术优势，攻击对手难以复制的领域。比如，拼多多早期聚焦下沉市场，避开与淘宝、京东在一线城市的正面竞争。

### ➤ 模式落地

异类突围的商业模式要求分析行业痛点、用户隐性需求或技术趋势，寻找未被满足的细分市场。通过技术或模式创新降低边际成本，利用网络效应、品牌势能或资本杠杆快速扩张，适应市场变化，从而找到自己与众不同的生存发展之路。

（1）关注行业发展，挖掘用户未被满足的潜在需求。只有找到那些被市场忽视的痛点和需求，才能为异类突围提供方向。例如，东边野兽将美妆与艺术、公益相结合，满足了消费者的精神需求。

（2）尝试新的理念和方法。异类突围需要企业有勇气打破传统的思维定式和商业模式，敢于尝试新的理念和方法。例如，山姆会员店突破了零售行业以低价吸引顾客的常规，采用付费会员制筛选优质客户。

（3）形成独特的价值主张。通过异类突围商业模式成功的企业，都拥有独特的品牌形象和价值主张。这种独特性能够让企业与竞争对手形成明显的差异，吸引了与企业价值观相符的消费者，增强了品牌的忠诚度和竞争力。

**案例实操**

美妆与艺术跨界融合的“东边野兽”，打破了大多数美妆品牌将重点放在产品功效宣传、明星代言和大规模广告投放的常规营销模式，通过与艺术、公益的深度融合，走出了一条与众不同的发展道路。

东边野兽与北京当代艺术基金会共同成立“东边绿洲专项基金”，深入云南维西塔城，不仅关注当地的草药资源，还致力于挖掘当地的文化肌理。通过开展艺术驻地计划，邀请艺术家带领当地的孩子们描绘自然，探索家族记忆与传统技艺，并且将这些艺术创作成果通过“流动的绿洲”展览带到繁华都市。在“东边绿洲供销社”，消费者购买公益产品的收益又会投到塔城儿童的美育项目中，形成经济与公益的良性循环。通过这种方式，东边野兽提升了品牌的社会责任感和文化内涵，与消费者建立了更深层次的情感联结，在竞争激烈的美妆市场中脱颖而出，成为行业内的一股清流。

用“付费墙筛选优质客户”的山姆会员店，打破了零售行业的传统销售模式，采用付费会员制（山姆普通会员年费 260 元），设置了一道“付费墙”。这种模式看似提高了购物门槛，实际上是一种精准的客户筛选策略，能够吸引到对商品品质有较高要求、追求高品质生活的消费者群体。这些会员因为支付了会员费，内心存在沉没成本，会更频繁地在山姆会员店购物，以“对得起”所付出的会员费。同时，山姆会员店为会员提供高品质的商品、优质的服务和独特的购物体验，在零售市场中形成了自己独特的竞争优势，拥有了一批忠诚度极高的客户群体，实现了与其他普通超市的差异化竞争。

# 22. 跨界竞争模式

**看不见的“敌人”才可怕，跨界“打劫”的时代已经来临，干掉你的，往往不是你的对手，而是来自不同行业、不同领域的人。跨界追求的不仅是双赢的结果，而且是“1+1>2”的效果。**

## ➤ 模式拆解

跨界是指突破自己的商业边界，寻找与自己不同基因的企业或合作伙伴，联合起来创造更奇特的营销效果，从而达到盈利目的商业模式。

商业世界的竞争无处不在，跨越了行业边界。跨界竞争作为一种新的商业模式和创新策略，是指企业通过突破行业边界，利用自身核心能力或资源，进入原本不相关的新领域，颠覆传统市场格局并创造新价值的商业模式。其本质是打破行业壁垒，通过资源复用、技术迁移或需求重构，在跨行业融合中建立竞争优势。

跨界竞争形式多样，既有产品跨界，又有渠道跨界，同时还有产业跨界。产品跨界是跨界竞争中最直观的表现形式。企业将不同领域的产品元素巧妙融合，创造出令人眼前一亮的新产品。渠道跨界为企业开辟了更为广阔的市场空间。产业跨界则是跨界竞争商业模式中最为深远的变革，能够重构整个行业的生态体系。

## ➤ 模式落地

跨界竞争商业模式的应用需要把控节奏感。

（1）把握时机。企业需要敏锐地洞察市场趋势、消费者需求变化及行业发展的潜在契机，在恰当的时间点精准切入跨界领域。

（2）循序渐进推进，稳步拓展业务。在跨界竞争过程中，企业不能盲目冒进，而应遵循循序渐进的原则，稳步拓展跨界业务。企业需要对跨界领域进行深入的市场调研和分析，了解目标客户群体的需求、竞争对手的情况及行业的发展趋势。

（3）持续创新迭代，保持竞争活力。在跨界融合的过程中，企业要不断优化产品、服务和商业模式。

**案例实操**

贝壳作为国内规模最大的居住服务平台，每年房屋相关交易额高达 3 万亿元以上。房地产市场调整之下家装业虽然陷入低谷，但据统计从 2022 年到 2030 年，中国住房装修年度需求将维持在 30 亿至 50 亿平方米范围内，2025 年家装市场规模有望达 5 万亿元，贝壳看到了其中的巨大机会。

2015 年链家就与万科合作成立万链家装进行试水，后续动作不断。2017 年推出南鱼家装品牌，2018 年贝壳找房上线含贝壳装修平台，2020 年 4 月贝壳全面进军家装行业推出“被窝”家装平台，2021 年 7 月宣布以 80 亿元收购圣都家装 100% 股权，2023 年 10 月与爱空间签订股权收购协议，2023 年 7 月推出“一体三翼”战略框架。

贝壳旗下圣都整装完成江浙皖沪三省一市核心地级市场全覆盖及多个一、二线省会城市直营体系布局，打造了特有的整装模式。被窝整装主打先进设计理念等，提供一站式整体家装，推动家装服务业数字化改造升级。据 2023 年财报，2023 年贝壳家装和新兴及其他业务收入贡献为 24.7%，相比上年提升 11.7%；2023 年家装家居业务合同额为 133 亿元，可比口径同比增长 93%；净收入可比口径同比增幅达 74%，达到 109 亿元。

# 模式设计篇

## 商业模式比产品重要许多倍

# 23. 授权许可商业模式

**使用权给别人，所有权归自己，用灵活性和开放模式分散风险。授权许可模式提供了一种全新的解决方案。制造商通过向授权商支付一定权利金，便能在自己的商品上使用品牌，或设计全新的商品，从而借助该品牌的知名度来提升销售。**

## ➤ 模式拆解

授权许可商业模式是一种商业策略，它涉及知识产权的授权和使用。在这种模式下，拥有知识产权的一方（授权方）允许另一方（被授权方）在特定条件下使用其知识产权，如商标、专利、版权或专有技术等。这种模式通常用来扩大品牌的市场影响力，增加产品的销售渠道，或是进入新的地理市场。被授权方通常需要支付一定的费用，如一次性费用或基于销售额的持续性费用，作为使用授权的对价。

在当今复杂多变的商业生态中，授权许可商业模式正逐渐崭露头角，成为企业实现扩张、创新与价值最大化的重要途径，在促进技术传播、品牌拓展和市场繁荣方面发挥着重要作用，未来发展前景广阔。

## ➤ 模式落地

授权的领域非常广泛，有技术授权、商标授权、著作权授权等。授权模式的落地需要根据不同的授权模式类型，结合实际的应用场景和业务需求，从多个方面进行考虑和操作。

（1）明确合作目标与需求。企业在选择授权合作前，要清晰自身的发展目标和需求。例如，是希望进入新市场，还是希望扩大知名度。

（2）确定授权条款。一般包括范围、性质、费用、时间限制。范围就是使用某项资源的范围、品牌授权的使用范围。性质确定授权是否具有独占性。费用要根据品牌价值、使用范围、时间等因素确定合理费用。无偿授权虽不涉及金钱交易，但也需明确双方的责任和义务。时间是规定授权的有效期限，期满后可重新评估是否延续合作关系。

（3）签署正式协议。将协商好的授权条款以书面协议的形式确定下来，明确双方的权利和义务，保障双方的合法权益。协议内容应清晰、详细，包括违约责任、知识产权保护等方面的条款。

**案例实操**

南极人经过严格筛选和评估，以确定合作合伙，进行品牌授权，允许他们使用南极人品牌进行产品生产和销售，还为他们提供技术支持、市场趋势分析等服务，帮助他们提高产品质量和市场竞争力。合作伙伴则需按照约定使用品牌，并可能在生产、销售等环节接受南极人的监督和指导。南极人通过品牌授权，在不直接参与生产和销售的情况下，迅速扩大了市场份额，提升了品牌影响力；收取品牌授权费用，实现了轻资产运营与高利润回报。

2025 年春节档，《哪吒之魔童闹海》爆火。目前，全球票房（含预售及海外）目前已超过 149.27 亿元，位居全球影史票房第六，距离 150 亿元和全球影史票房 Top5 新纪录仅一步之遥。其凭借精良制作与热血剧情，掀起一波观众“三刷”“四刷”热潮。《哪吒之魔童闹海》大火，版权方对 IP 角色进行了手绘角色立牌、金属滴胶挂件、Q 版亚克力牌、钥匙扣等一系列的周边授权。

## 24. 即用即付模式

**“用多少付多少”具备灵活性，在数字化和共享经济时代越发流行。但它需要平衡用户透明度和企业盈利性，适合资源可量化、需求波动大的领域。**

### ➤ 模式拆解

即用即付模式是一种用户根据实际使用量或消费量付费的商业模式，核心是“按需付费”。即用即付模式可用于多个领域和行业，特别适用于那些需要灵活应对变化和成本控制的企业。即用即付模式的优势在于用户可以根据需求灵活调整使用量，无须承担长期承诺带来的财务压力，既降低了成本，又避免了浪费。

对于企业而言，即用即付频繁的小额支付可能会增加财务管理的复杂性，尤其是在电子商务领域，支付信息容易产生泄露风险。

### 模式落地

（1）明确应用场景和目标用户。不同领域有不同的用户，如在云计算领域，即用即付模式适用于那些需要灵活扩展资源、避免资源浪费的企业或个人用户。

（2）设计合理的计费策略，是即用即付模式落地的关键。计费策略应该能够准确反映用户的使用量，并且易于理解和计算。

（3）建立稳定的支付系统。即用即付最大的保障就是支付系统。支付系统应该安全稳定，支持多种支付方式，如信用卡、支付宝、微信支付等，以确保用户能够方便快捷地完成支付。

（4）优化用户体验。为了吸引和留住用户，需要提供优质的服务和用户体验。

（5）监控和调整计费策略。在即用即付模式运营过程中，需要不断监控和调整计费策略。通过收集和分析用户的使用数据，可以了解用户的使用习惯和需求变化，从而调整计费策略以便更好地满足用户需求。同时，还可以通过优化计费策略来提高盈利能力。

（6）处理潜在问题和挑战。即用即付模式在落地过程中可能会遇到一些潜在问题和挑战。例如，用户可能对计费策略的透明度和公正性产生疑虑。企业需要积极与用户沟通，解释计费策略的合理性和公正性，并提供相应的安全保障措施。

**案例实操**

用户有出行需求时，打开Uber应用程序，输入出发地和目的地，应用会自动搜索附近可用车辆并显示预计费用。用户确认叫车后，系统会匹配司机接单，行程结束后，用户直接在应用内支付费用，无须提前预订或支付。

根据行程的里程、时间以及当时的交通状况等因素综合计算费用。比如，在交通高峰期或偏远地区，费用可能会相对较高；在非高峰时段或交通顺畅的路段，费用则相对较低。

对用户来说，这种即用即付模式非常便捷，无须提前购买车票或充值，也不用准备现金。而且可以随时根据自己的需求叫车，不受固定时间表或路线限制。同时，用户在乘车前就能看到大致费用，消费透明。

Uber通过收取司机的服务佣金来实现盈利。每完成一笔订单，Uber会从司机的收入中抽取一定比例作为平台费用。通过这种即用即付模式，Uber能够吸引大量用户，提高平台的使用率和市场份额，同时也为司机提供了灵活的工作机会，实现了平台、用户和司机三方的共赢。

# 25. 平台佣金模式

**每一分交易都承载着多重成本，而平台佣金则是连接这些成本的桥梁。商家的每一笔成功交易都要向平台支付“过路费”。通过对每一笔交易微妙的提成，无声无息地构建起了它们的财富帝国。**

## ➤ 模式拆解

平台佣金模式，是指平台运营方为商家和消费者搭建交易桥梁，并基于平台上发生的交易行为，按照一定比例或固定金额向商家收取佣金作为主要收入来源的商业模式。

平台运营方首先通过多种营销手段和价值主张吸引商家和消费者入驻平台。对于商家而言，平台提供了广阔的市场曝光机会、庞大的潜在客户群体及便捷的交易管理工具。对于消费者来说，平台提供了丰富的商品和服务选择、便捷的购物体验及相对可靠的交易保障。平台运营方根据平台类型、市场定位、目标客户群体及运营成本等因素，制定合理的佣金规则。佣金计算方式通常有按交易金额比例收取、按交易数量固定金额收取或两者相结合等形式。

平台佣金模式为平台运营方提供了可持续的收入渠道和坚实的资金支持，使平台运营方产生动力不断优化平台功能和服务质量。随着技术的进步、市场的成熟及监管的完善，平台佣金模式有望实现平台运营方、商家和消费者三方的长期共赢，为数字经济的持续繁荣注入新的活力。

## ➤ 模式落地

（1）平台规划与定位。想做什么样的平台是第一步，所以明确平台的核心价值和目标用户群体是后续收取佣金的基础。根据平台定位，设计符合用户需求的产品或服务，并确保这些产品或服务具有市场竞争力。

（2）根据产品或服务的成本、市场价格及行业惯例，制定合理的佣金比例。佣金比例应既能吸引推广者，又能保证平台的盈利能力。

（3）设置佣金层级和结算规则。根据推广者的贡献程度，设置不同的佣金层级，还要明确佣金的结算周期、结算方式及结算条件，确保佣金结算的公正性和透明度。

（4）开发佣金管理系统，与第三方支付平台合作。开发一套功能完善的佣金管理系统，用于记录、跟踪和结算佣金。系统应具备自动化、智能化的特点，以提高佣金管理的效率和准确性；与第三方支付平台合作，集成支付接口，实现佣金的在线支付和结算，并且保障资金安全。

（5）市场推广与合作伙伴招募。根据平台定位和目标用户群体，制订切实可行的市场推广计划，包括线上推广和线下推广；积极招募符合平台定位的合作伙伴，签订合作协议，明确双方的权利和义务，以及佣金的结算方式和周期。

**案例实操**

分享购最初由深圳的一家名为“乐分享”的平台推出，仅两个月时间便吸引了高达70万的会员。这一成功案例展示了分享购模式的强大吸引力和市场潜力。

分享购的特点是自购与分享均可获利，用户不仅可以通过自购获得奖励，还可以通过分享商品或服务来赚取佣金。该模式采用五五公排与九层会员制度，五五公排机制，即每个用户的直接上级会帮助他们发展团队，直到达到九层会员，从而形成一个庞大的用户网络。分享购模式的核心在于通过对接CPS（Cost Per Sale，按销售付费）来运营。这意味着平台可以从大型主流消费平台（如淘宝、天猫、京东等）获取公域流量和佣金。通过奖励机制吸引用户进入平台消费。该模式采用直推奖、团队业绩奖和股东分红奖等多种奖励方式。

实施要点是推荐三人即可白拿产品，用户只需推荐三个人购买平台设定的礼包，即可免费获得产品。奖励机制环环相扣，通过层层递进的奖励机制，激励用户不断推广和消费，从而实现平台的快速增长。

# 26. 中转站模式

**中转的本质是通过“居中调度”创造价值，适用于资源分散、交易链条长的领域。其核心在于通过高效整合与流程优化，成为不可或缺的中间节点，最终实现多方共赢。**

## ➤ 模式拆解

中转站模式，指在供应链或交易流程中作为中间环节的平台或服务。中转站模式更侧重于物理或信息的集散，通过收取服务费、仓储费、流量分成等方式盈利。优点包括资源整合、提高效率、降低交易成本，缺点有依赖性强、竞争压力大、运营成本高等。

中转站模式在不同领域有着不同的运作模式，具体指企业通过搭建中间平台或枢纽，连接供需双方或多方，通过整合资源、优化流程、降低交易成本等方式创造价值，并从中获利的商业模式。其核心在于充当“中间桥梁”，集中处理信息、商品、资金或服务的流转，提高效率并获取收益。

这种模式的重要功能体现在中转本身，参与交易的主体越多，平台就越有价值。随着交易量的增加，企业的运行成本和交易成本将持续降低，即使对每一笔交易少量收费，也会带来可观的利润。

## ➤ 模式落地

中转站模式是指为帮助社会组织实现三大流（物资流、资金流、信息流）的快速、高效运转而提供服务的盈利模式，能够在不同的交易方之间搭建沟通渠道或交易平台。一方面，降低了买卖双方的交易成本；另一方面，也使提供中介业务的企业得到了较高的回报。

（1）前期进行市场调查，了解当地相关业务的市场需求，明确中转站模式的可行性和潜在机会。

（2）选择有实力和口碑的合作品牌或平台，尤其选择那种具有优质管理系统的平台。

（3）确定中转位置。中转应位于交通便利、物流网络发达的地区，以便于货物的快速集散和转运。

（4）宣传推广。通过线上线下多种渠道进行宣传推广，提高中转站的知名度和影响力，吸引客户和业务。

**案例实操**

首衡特大城市应急物资中转站是国家级重点项目，总投资 52 亿元，总建筑面积 130 万平方米，旨在提升京津冀民生物资供应能力，构建高效供应链体系，保障京津冀特大城市群常住人口 7 天以上农产品供应不断档。该中转站采用“平急两用”模式：平时作为农产品供应链上的“蓄水池”和“加速器”，汇聚农产品，调节供需，加速流通；应急时成为区域农产品应急供应的大后方基地。该中转站构建了多级保障体系，作为一级农批市场汇聚各类果蔬大王，稳定供货，通过城市集配在全国建立 300 多个城市大仓，形成了延伸至社区终端的配送网络。

在配套设施方面，建设有冷库集群，借助数字化平台与城市“城郊大仓基地”和社区终端协同联动，还配套“河北保定高碑店一级铁路物流基地”，实现了公铁联运，降低了物流成本，提升了调运能力。

最终的运营效果是市场入驻商户 8700 余家，经营数千种果蔬产品，2023 年实现交易量 1830 万吨、交易额 1340 亿元，有效提高了区域农产品供应链的稳定性和效率。

# 27. 众包商业模式

**众包通过“集众人之智，共同完成任务”突破传统组织边界，在降低成本、加速创新、灵活用工等方面具有显著优势。随着远程办公和数字工具的普及，众包商业模式从边缘创新逐渐发展成为企业核心战略的一部分。**

## ➤ 模式拆解

一般情况下，众包以自由自愿的形式把任务外包给非特定的、通常是大型的大众或社区，通过网络平台聚集大众的智慧和资源，以作用于自身的产品和服务，从而实现价值创造和持续盈利的目标。也可以把众包理解为，一个公司或机构把过去由员工执行的工作任务，以自由意愿的形式外包给公司以外的、非特定的大众来做。众包必须有两个基础：一是有很多人愿意贡献自己的智力或资源；二是有一个平台能够把这些人的智力和资源聚集起来。

众包商业模式是一种新的生产方式，拥有高效灵活、低成本扩张、资源弹性等优点，能够给企业带来更多的机会，开展创新经营，同时能够成为中小企业降本增效的利器。另外，也充分利用了民间力量，让更多的人利用空闲时间做自己喜欢的事情，同时又能帮助别人解决问题，实现双赢。

### ➤模式落地

一般众包模式有任务众包、销售众包和营销众包。

（1）任务众包。如果企业内部没有人才能提供很好的创意，就需要用任务众包的模式将创意任务包给别人，以任务完成情况进行酬金结算。

（2）销售众包。通过销售众包的模式，可以帮助企业降低成本，提升销售额。

（3）营销众包。通过众包模式，可以把营销环节分发的微任务众包给大量的网友或自媒体网红，他们既是企业产品的消费者，又是产品信息的分享者和传播者，能在短时间内，将企业产品信息进行裂变式传播。

**案例实操**

外卖平台众包是一种将原本由外卖平台全职员工或承包商完成的外卖配送任务，以自由自愿的形式外包给非特定的大众群体的商业模式。

小李是上班族，利用下班后和周末的时间跑美团众包。小李下载美团众包 App 后，完成注册与实名认证，上传身份证照片，并参加了平台的在线培训，了解了配送规范和操作流程。

每天下班后，小李打开美团众包 App，系统便会根据他的位置推送附近的配送任务。他既可以选择抢单，也会有平台的派单。在某个周五晚上的高峰期，小李先抢到一个距离他 2 公里的餐厅订单，在去取餐的路上，系统又给他派了一个目的地是同小区的顺路订单。

配送过程是小李前往餐厅取餐，到达后点击“确认取货”，然后按照导航前往小区。由于是高峰期，小李小心骑行，将餐品送到顾客指定的地址，顾客收货后，他通过 App 确认完成配送。

这两单，距离较近的收入 4 元，距离稍远的收入 6 元，加上平台在高峰期每单 1 元补贴，小李共收入 12 元。如果小李当晚从 18 点跑到 21 点，平均每小时送 4 单，那么扣除平台抽成等费用，大概收入 100 元。

美团众包平台会根据小李的配送准时率、顾客评价等数据对他进行考核，根据考核情况在派单时有所倾斜。

# 28. 碎片化商业模式

**将产品、服务、运营及营销等细分与拆解，以灵活、多样、精准的方式满足用户的碎片化需求，是企业找到细分市场中更多价值的途径。**

## ➤ 模式拆解

随着互联网和移动设备的普及，消费者出现了时间和需求的双重碎片化，催生出碎片化商业模式。企业开始将产品、服务与营销方式进行拆解与重组，以契合消费者碎片化的生活场景和多元需求。所谓碎片化商业模式，就是充分利用消费者的碎片时间进行盈利的模式。

在碎片化商业模式下，企业将原本完整的产品或服务进行细化拆分。比如，在出行领域，共享单车满足了用户在短时间内便捷使用单车完成短距离出行的碎片化出行需求。

## ➤ 模式落地

碎片化商业模式没有固定套路，却有各种不同的创新。消费者获取信息的渠道变得繁杂多样，使营销也开启了碎片化模式。

（1）营销碎片化。企业为精准触达目标客户，将营销资源分散至各个碎片化渠道，以不同渠道针对不同的用户群体，以多样化的内容形式吸引消费者关注，构建全方位的营销网络。

（2）场景碎片化。生活中的各种场景都可能成为消费契机。在零售行业体现得尤为明显，自动售货机出现在写字楼、地铁站、商场角落等场所，满足了消费者匆忙赶路时或突然产生的需求。

（3）小众需求碎片化。碎片化的营销渠道和消费场景，使企业能够触及更广泛的潜在客户群体，挖掘更多的业务增长点。例如，当宠物主人外出旅行时，提供宠物寄养及上门喂养服务等。

案例实操

在全球度假市场的版图中，万豪度假会模式独树一帜，精心构建了一个庞大且多元的产品矩阵。其旗下的度假酒店及度假村分布于全球热门旅游胜地，从阳光明媚的海滨，到充满历史韵味的欧洲古城，再到活力四射的都市中心，能够满足会员对不同度假场景的向往。

万豪度假会是万豪集团旗下的分时度假品牌，提供多种度假别墅和酒店选择，并将度假产品的使用权切割成更小的时段进行销售，如几天或一周内的特定时间段，以满足不同消费者的需求，还提供了丰富的休闲设施和会员活动，增加了度假体验的多样性和趣味性。

在住宿产品方面，万豪提供多种房型选择。温馨的一居室套房适合二人世界，宽敞的多居室套房是大家庭出行的理想之选。此外，万豪还推出积分兑换系统。会员通过购买积分，可根据自身需求灵活安排度假时间与地点。积分可用于兑换不同时长的住宿，打破了传统分时度假固定时段、固定地点的限制，大大提升了会员度假的自主性与便利性。

在度假期间，酒店提供丰富多样的娱乐活动与贴心服务。从适合全家参与的亲子烹饪课程、沙滩排球比赛，到为成年人准备的瑜伽课程、水疗服务，能够满足不同年龄段会员的休闲需求。酒店还配备专业的儿童俱乐部，由专业人员照顾儿童，组织各类趣味活动，让家长们能安心享受度假时光。

万豪度假会模式通过丰富多元的产品体系、精准有效的营销模式和细致入微的会员服务，在分时度假市场中脱颖而出。

## 29. 垂直整合商业模式

**你整合别人说明你有能力，被别人整合说明你有价值。垂直整合，考验企业是否能成为全能型选手。只有把各个环节握在手中，才能找到制胜之道。**

### ➤ 模式拆解

垂直整合，是指企业在产业链上下游进行拓展，将原本属于不同企业的生产、销售等环节纳入自身业务范畴，实现对产业链的深度掌控。其主要分为两种类型：向上游整合（后向一体化）与向下游整合（前向一体化）。向上游整合，即企业向原材料供应、生产制造等上游环节延伸。向下游整合，是指企业向产品销售、售后服务等下游环节拓展。

具体来说，垂直整合的供应链商业模式是指公司同时控制供应和分销，即控制生产、库存、营销和定价的所有成本，能够降低运输成本，提高销售额和盈利能力。该模式为企业提供了提升竞争力、实现可持续发展的重要路径，有助于企业控制成本，提高产品质量，增强市场竞争力。

### 模式落地

（1）确定企业在垂直整合产业链中的目标，如提高产品质量、控制成本、增强市场竞争力等。

（2）评估企业内部资源和能力，如资金、技术、人才及管理、运营、创新等，判断是否具备实施垂直整合的条件。

（3）选择整合方向，是向上游整合还是向下游整合，或同时进行双向整合。

（4）通过并购相关企业或与上下游企业建立战略合作伙伴关系，实现资源的快速整合。

（5）密切关注市场动态，加大创新和优化力度，并采取动态观察整合效果来提高垂直整合的效益和价值。

**案例实操**

亚马逊一直是整合高手，亚马逊以 137 亿美元收购全食超市，并用自身强大的物流网络和技术，优化全食超市的供应链管理，提高生鲜产品的配送效率，降低成本。

亚马逊 Prime 会员可享受全食超市的专属优惠和服务，如折扣、免费配送等，将线上会员权益与线下购物体验相结合，提升了用户黏性。

亚马逊深入研究市场需求和消费者偏好，利用大数据分析消费者的购买行为和反馈，自主开发设计了涵盖电子、家居、服装等多个品类的自有品牌产品，实现了从硬件设计到软件系统的全面自主把控。

在生产环节，亚马逊与全球各地的优质供应商建立紧密合作关系，对生产过程进行严格监控和管理，确保产品质量和生产效率。

在销售环节，亚马逊平台凭借强大的流量优势和精准的营销能力，将自有品牌产品推送给目标消费者。在亚马逊网站上，自有品牌产品拥有更多的展示机会和推广资源，由此提高了产品的曝光度和销量。

亚马逊在全球范围内建立了大量的仓储中心，通过先进的仓储管理系统，采用自动化技术和机器人作业，实现货物的高效存储、分拣和配送。亚马逊还与第三方物流合作伙伴建立了广泛的配送网络。同时，推出了亚马逊物流（FBA）服务，为第三方卖家提供仓储和配送服务，将自身的物流优势转化为盈利来源，进一步整合了电商物流产业链，降低了物流成本，提高了物流配送的准确性和及时性。

# 30. 分布式商业模式

**分布式商业模式重新定义了“组织”边界，推动经济从“所有权”向“使用权”过渡，并可能重塑社会协作方式。**

### ➤ 模式拆解

分布式商业模式是一种将企业的生产、销售、服务等环节分散到不同的主体或地点，通过网络技术和协作机制实现高效协同运作的商业模式。这种模式的特点是分散化、网络协同和灵活性等，最终实现资源整合。

### ➤ 模式落地

分布式商业模式由过去自上而下发挥中心化主导的模式演变成自下而上积极发挥个体主观能动性的模式，后者是一种分布式的协作方式。让这种模式落地，要提升每个参与个体的积极性，使每个人都成为独立的一分子，为自己的盈利而努力。

（1）根据公司的经营性质，选择不同地区设立小型运营团队。

（2）设计一套有效的协作机制，保障分布式各节点之间的信息流通、任意分配和协同工作，如建立线上协作平台，制定统一的工作流程和标准。

（3）寻找合适的合作伙伴，如供应商、经销商、技术服务商等。

（4）建立一套有效的监控体系，对分布式模式进行实时监控，包括业务指标、财务指标和客户满意度等，及时发现问题并采取措施解决。

**案例实操**

在全球出行领域，Uber 无疑是一颗耀眼的明星，它以创新的分布式商业模式，构建起一个连接全球乘客与司机的庞大出行网络，成为现代商业创新的典范。

Uber 拥有分散的服务供应节点。Uber 平台上的司机是其服务供应的核心节点，他们分布在全球各地，只需通过 Uber 的移动应用进行注册和认证，符合平台要求后，就能利用自己的车辆为乘客提供出行服务。这种模式极大地提高了服务的灵活性和覆盖范围。

Uber 通过先进的算法和移动互联网技术，实现了乘客与司机之间的高效匹配。当乘客在应用上发出出行请求时，系统会根据乘客的位置、目的地及周边司机的分布情况，快速计算并指派最合适的司机前往接送。同时，司机也能实时获取乘客的位置信息和行程要求，规划最优路线。这种基于网络的协同机制，让分散的司机和乘客紧密联系起来，形成有机整体，确保出行服务顺畅进行。

Uber 平台积累了海量出行数据，包括乘客的出行习惯、路线偏好、用车时间，以及司机的行驶轨迹、接单效率等。通过对这些数据的深入分析，Uber 能够优化运营策略，如动态调整价格、合理规划车辆投放区域、预测出行需求高峰等。

Uber 无须投入大量资金购置车辆，建设庞大的运营车队，也不用雇用大量固定员工，大大降低了运营成本。同时，分布式的司机网络使服务能够快速覆盖各个区域，减少乘客等待时间，提高出行效率。Uber 还提供了多种出行选择，如经济实惠的 UberX、适合多人出行的 UberPool、高端豪华的 UberBlack 等，满足了不同乘客在价格、舒适度、出行人数等方面的多样化需求。

分布式商业模式使 Uber 能够快速响应市场变化和用户需求，不断推出新的服务和功能。例如，Uber 利用现有的分布式配送网络，推出 UberEats 餐饮外卖服务；Uber 还积极探索自动驾驶技术，为未来的出行服务创新奠定基础。

# 资本运作篇

## 学会借力打力，拿别人的钱赚钱

# 31. 零成本融资模式

**项目融资非常明确，即企业当下有什么项目，准备怎么做，投资方投钱后怎么和企业划分收益，没有任何其他中间的代价。**

## 模式拆解

什么是零成本融资模式？

在回答这个问题之前，先回答我的问题：世界上最高级的融资模式是什么？

诸如股权融资、债权融资、天使融资及众筹融资等，无论是从名称上还是从实际操作层面上，都给人一种颇为高端的印象。

然而，若我进一步提问：是否存在一种高级的融资模式，它非但无须企业承担任何成本，还丝毫不触及企业的经营权、所有权乃至分红权？此时，要确定哪种融资模式最为高级，就显得颇为棘手了。

继续作答变得困难重重，我们通常认为任何融资方式都需要付出一定代价，如付出资金成本、割舍部分权益等。真的有既无须付出成本又不损及权益的融资途径吗？当然有，那就是全世界最高级的融资方式——一分钱都不用付的项目融资。

## 模式落地

零成本的项目融资模式落地，必须将项目进行分拆，让融资对象看到项目的多重收益，主动拿出资金。那些只聚焦于产品推销的企业难以实现规模扩张，而那些向顾客展示项目价值的企业则开始崭露头角。

例如，经营骆驼奶的企业常常陷入推销困境，面临经营危机，因为很少有消费者频繁购买骆驼奶。我们不妨建议消费者投资购买一头骆驼，并且告诉他们这么做将立即获得两项实质性的回报。首先，他们将在接下来的六年里随时享用新鲜的驼奶。其次，他们还拥有这头骆驼十年内的使用权，包括驼掌和驼峰的食用权。更吸引人的是，六年后，企业会全额退还他们用于购买骆驼的 5 万元本金，这意味着消费者实际上没有花费任何成本，就能享受六年的驼奶和美味的骆驼肉。

但是，消费者会仅仅因为驼奶和驼肉就轻易拿出5万元吗？这显然不够具有说服力。然而，如果在这六年期间，顾客还拥有这头骆驼所产驼奶的全部销售权，并且由企业代为销售，消费者能够获得五成利润呢？在这样的条件下，消费者是否更愿意投资购买骆驼呢？答案显然是肯定的，他们非常乐意。5万元不仅成了一项即时收益（享用驼奶）的投资，还能带来长期收益（销售驼奶的五成利润），并且在六年后全额收回本金。与将这笔钱存入银行相比，这样的投资无疑为消费者带来了更大的价值。

一头骆驼售价高达5万元，然而，人受到追求利益的本能驱动，定会有人不满足于仅仅购买一头。由此推论，融资活动表面看似充满挑战，但若能巧妙构思一个吸引他人自愿投资的方案，那么融资不仅变得相对容易，还能避免付出额外的成本与代价。

**案例实操**

某企业在贵州省内拥有一处占地50万亩的艾草种植基地，其掌舵人怀揣着以“艾条”为核心，实现资产价值最大化的愿景，却未能如愿。原因在于，单纯依靠产品销售位于盈利模式的底层，作为企业领航者，亟须转变思维，超越产品本身。

鉴于此，该企业主特邀我到艾草园考察。我目睹这片绿意盎然的艾草园，深知其作为绿色生态资源的巨大潜力，当即建议把宣传焦点转向“绿色生态”，而非艾草本身。我说：“艾草本身吸引力有限，绿色生态才是更具开发价值的宝藏。”企业主豁然开朗。随后，该企业巧妙地将艾草产品与资本相结合，创新盈利模式，引导消费者从购买艾条转向投资艾草园，成为公司会员；企业则借此获取大量融资，实现资产变现。

具体操作如下：用户支付5万元会员费，即可拥有一亩艾草园，参与绿色生态与产业链的建设。这5万元会员费涵盖了六大权益。

使用权：每支付5万元会员费，用户就享有一亩艾草园为期六年的使用权。

收益权：艾草园每年总收益的20%用于营销，其余80%由公司与用户平分，即用户可获得40%的收益（年收益不低于1万元）。

本金退还权：六年后，当地银行将全额退还用户交纳的5万元本金。

名誉提升权：会员费与当地的一个扶贫名额挂钩，助力用户提升个人声誉。

生态体验权：每年赠送用户两次贵州省内为期四天三夜的“绿色生态”旅游

机会。

金融拓展权：用户可凭银行存款证明及艾草园使用权合同，在公司指定银行进行抵押、担保、质押或贷款。

这六大权益的组合，对用户而言无疑具有极大的吸引力。试想，若用户投资100万元获得20亩艾草园，不仅能享受上述诸多权益，还能涉足绿色生态的广阔经济领域，何乐而不为呢?

这就是思维进阶的重要性，要求人们创新盈利模式。在这种盈利架构下，公司所获取的收益正是源自融资后的资本运作过程。

# 32. 资产盘活模式

**不能流动的资产是企业最大的负担。只有让“资源、资产、资金”活起来，企业才能活起来!**

## ➤模式拆解

在详细阐述资产盘活模式之前，要知道资产是指企业过去的交易形成的、由企业拥有或控制的、预期会给企业带来经济利益的资源。

我判断，资产是否值钱有三个标志：第一，是否具备流动性；第二，是否具备稀缺性；第三，是否具备增值性。只有盘活，资产才能值钱，否则，不算真正的资产。

资产需要盘活，主要是因为闲置或低效使用的资产会浪费企业资源，影响经济效益。通过盘活，企业能够提高资产利用率，优化资源配置，降低成本，增强竞争力。

我认为，盘活资产能降低财务风险，促进资产保值增值，使企业更加灵活地应对市场变化。可见，资产盘活是企业提高运营效率、实现可持续发展的关键举措。

资产流动性的强弱，直观体现了资产价值的灵活转换程度及其在市场中的可交易特性。高流动性的资产能够即刻兑现或变现，故而展现出卓越的流动性，如现金，或能够快速变现的金融资产。反之，诸如库存商品、票据等资产，必须历经特定时长或满足一定条件才能变现，因此流动性较低。资产流动性是衡量企业资产质量及风险水平的关键标尺。投资者也可依据资产流动性界定投资组合的特性，并据此制定投资策略，旨在最大化投资回报。

### ➤ 模式落地

以资产盘活为核心来看，高效地将资产转化为现金流才是资产盘活的精髓，也是迅速累积财富的秘诀。此外，现金流还是衡量企业偿债能力的核心标尺。

资产盘活带来的充足现金流，意味着企业拥有足够的资金储备以应对债务偿还，从而维护卓越的信用记录，有效规避因资金链断裂引发的经营风险。资产盘活确保的现金流充裕性，直接关系到企业能否及时偿付供应商款项、发放员工薪资，以及维持日常运营的各项开支。唯有现金流保持稳定，企业方能维系正常的运营节奏。更进一步来说，现金流还是企业实施投资与扩张战略的基石。这些资金可能源自企业内部积累，也可能需要借助外部融资渠道。

不论是内部积累还是外部融资，企业都需具备健康的现金流状况，才能拥有足够的资本支撑其投资，实现扩张蓝图，保持稳健且持续的发展。因此，以资产盘活为核心，加速资产向现金流的转化，是企业实现财富增长与可持续发展的关键所在。

**案例实操**

一位重庆老板拥有 3500 个车位，但他既想变现，又不愿贱卖。这些车位位于恒大开发商的对面，占据着极具战略意义的位置。然而，恒大为了迅速回笼资金，不得不将原价 22 万元的车位以 12 万元的价格出售，这给该老板带来了更大的心理压力。

在深入分析这一资产时，我清晰地意识到，这些车位不仅是停车的空间，更是潜在的资本源泉。关键在于如何创新性地利用这些资产，实现价值最大化。我提出以银行信用卡模式为灵感的解决方案，为这位老板打开了全新的思路。

信用卡作为一种金融工具，通过设定一定的消费门槛和期限，能够吸引大量用户并且带来稳定的现金流。同样地，可以将这一模式应用于车位变现。具体而言，就是推出一种“办卡使用停车位，满几年送车位”的促销活动。消费者只需在规定银行或相关机构办理特定卡片，并且承诺每月达到一定的最低消费额度（诸如停车费、周边商户消费等），连续使用多年后，即可免费获得车位所有权。

这一方案不仅解决了车位变现的难题，还带来了多重效益。首先，通过设定消费门槛，确保了车位使用的持续性和稳定性，带来了长期的现金流。其次，与周边商户合作，将消费与车位绑定，促进了区域经济的发展，提升了车位的附加值。最后，通过送车位的激励措施，吸引了大量潜在用户，提升了车位的使用率和满意度。

在实施这个方案的过程中，要注意以下几点：一是合理设定消费门槛和使用年限，确保方案对消费者具有足够的吸引力；二是与周边商户建立良好的合作关系，共同推动方案的落地实施；三是加强宣传和推广，提高方案的知名度和影响力。

以资产盘活为核心，通过创新性地借鉴银行信用卡模式，我成功地为这位老板解决了车位变现的难题。这一方案不仅实现了资产的最大化利用，还为这位老板带来了长期的现金流和经济效益。

资本运作和技术革新都会经历起伏周期，能否抓住机遇，积累财富，主要取决于个人对市场动态的敏锐观察与深入分析的能力，以及能否持续学习以拓宽视野和提升思维层次。

# 33. 投行化模式

**投行化模式的具体落地需要企业在明确目标和战略的基础上，借鉴投资银行的运作机制，引入融资服务，注重并购重组和拓展产业配套服务等多个方面。**

## ➤ 模式拆解

投行化模式，关键在于投行化，即一种将业务模式、运营策略和思维方式向投资银行靠拢的现象或过程。这种趋向不仅限于金融领域内的机构，还广泛体现在众多企业的战略规划之中。

具体而言，投行化模式在企业的基础交易框架之上，融入了投资银行的专业服务功能，涵盖融资活动、企业并购与重组，以及财务咨询服务等，其核心目的在于增强企业的资本运营实力与市场竞争力。这一模式使企业能够更加灵活地应对市场环境的动态变化，促进资源的合理调配与高效运用。

## ➤ 模式落地

首先，企业需要明确投行化转型的目标和战略，包括确定转型的重点领域，设定阶段性目标，制订详细的实施计划；还要通过深入研究市场趋势和企业自身特点，制定最合适的投行化转型策略。

其次，在具体运作上，企业可以借鉴投资银行的运作机制，还可以引入投资银行的融资服务，通过股权融资、债务融资等方式筹集资金，支持企业的扩张和发展。投行化模式强调并购重组的重要性，企业可以通过并购优质资产或企业，实现规模扩张，优化资源配置，提升核心竞争力和盈利能力。

最后，投行化模式还注重拓展产业配套服务，完善国资退出机制等，因此要注重形成产业集聚效应和上下游联动效应，打造产业发展生态圈。

**案例实操**

一家专注于人工智能与大数据分析的公司自成立以来，便面临着资金短缺、市场竞争加剧等挑战。老板绞尽脑汁，也未能将公司拉出困境，在朋友的指点下有幸结识了我。我指导该老板巧妙运用投行化模式，带领公司实现了业务的快速扩张和技术的持续创新，发展成为行业新星。

该公司采取多轮次的股权融资策略突破资金困境。初期，公司通过天使轮和 A 轮融资，吸引了多家投资机构，获得了宝贵的启动资金。随后趁热打铁，又成功进行了 B 轮和 C 轮融资，引入了更多的战略投资者，加速了市场拓展和技术迭代。

为了迅速扩大市场份额，该公司采取并购策略，收购了多家在特定领域具有技术优势或市场基础的小型企业，丰富了公司的产品线，提升了服务能力，并通过整合实现了资源共享和协同效应，有效降低了运营成本。

除了并购，该公司还积极与产业链上下游的企业建立战略联盟，共同开发新产品，拓展新市场；与大型数据中心的合作，获得了稳定的数据来源和强大的计算能力支持；与多家软件开发商合作，丰富了其产品生态，提升了解决方案的定制化能力。

为了吸引和留住核心人才，该公司实施了股权激励计划，将公司的发展与员工的个人利益紧密相连，激发员工的积极性和创造力，增强了团队的凝聚力和稳定性，为公司的长期发展奠定了坚实的人才基础。

在指导该公司资本运作的过程中，我始终重点关注公司是否保持财务健康，并合理控制负债比例，避免了过度融资带来的财务风险，使公司顺利通过了股权激励计划。

总之，该公司投行化模式的成功，主要得益于其精准的战略定位、高效的资本运作、灵活的市场策略和以人为本的管理创新，为中小企业提供了宝贵的经验借鉴。

# 34. 钱生钱模式

**钱生钱的本质就是将钱放在某处，它能自动生钱。有些企业老板之所以能赚大钱，是因为他们把钱生钱这招用到了极致。**

## 模式拆解

钱生钱模式，是指企业通过将资金存入银行获取利息、投资于股市、购买债券及基金等多种资产渠道，实现现金流的增值收入。部分企业家在累积了可观的财富与资源后，通过利用银行存款利息、债券投资、基金运作等多种方式，不断激活并扩大现金流，进而提升了资产的整体运用效率，实现了财富积累。

老板经营企业掌握钱生钱模式至关重要。首先，资金的有效运作能让企业拥有更多的流动资金，从而有更多机会投资优质项目，扩大生产规模，或应对突发经济挑战。其次，钱生钱模式还能通过多元化投资降低经营风险，如投资股票、债券、房地产等，确保企业稳健发展。

此外，老板可以凭借钱生钱模式，建立良好的薪酬福利体系，吸引和留住优秀人才。总之，钱生钱模式不仅能让企业财富增值，更是提升企业竞争力、实现可持续发展的关键。

## 模式落地

这里所指的“钱生钱”模式是指企业借助银行存款利息、股票、债券及基金等投资渠道获取现金流收益。

银行存款作为一种传统的储蓄手段，既能保障本金安全，又能带来稳定的收益，为企业家提供了灵活的现金流支持，让企业家可以根据实际需求选择不同的存款期限和利率。

股票的应用关键在于有效利用资金并控制风险。企业可通过杠杆炒股，以少量本金操作更多股票，但需注意选择合适的杠杆比例，还应精选个股并分散投资，以降低风险。此外，设置止损点和及时止损至关重要。

债券是政府、金融机构及企业等实体为筹集资金而发行的债务凭证，承诺按约定利率支付利息，并在到期时偿还本金，收益稳定，风险较低。其中，国债是国家发行的债券，安全性高，利息优于银行存款，因此备受青睐。

黄金投资作为一种历史悠久的财富保值增值手段，同样受到企业家的喜爱。随着金融市场的发展，黄金投资的形式日益多样化，包括积存金、黄金ETF、实物黄金和黄金期货等。选择黄金投资方式时，企业家需综合考虑自身的风险承受能力、投资目标及市场情况。

总之，企业老板“钱生钱”模式的具体落地方法，关键在于构建高效、多元化的盈利模式，并优化资金管理。

**案例实操**

李老板在热门旅游景区内经营一家酒店，只用三年就积累了丰厚的财富。机缘巧合下，他开始炒股，由于缺乏经验，初期的小额投资大多亏损。李老板决定学习投资技巧，提高炒股水平。他通过阅读巴菲特的经典投资著作《滚雪球》受到启发，对“顾家家居”的股票产生了浓厚兴趣，因为他是该品牌的忠实客户。

李老板认为，“顾家家居”以其周到的服务和卓越的竞争力，在众多家居公司中脱颖而出，具有难以超越的优势。因此，他以每股35元的价格购入了20000股“顾家家居”的股票，总计投入70万元。不到一年，便涨至每股90元以上。

在股价达到每股88元时，李老板果断抛售全部股票，每股盈利53元，总计盈利约100万元。在他十多年的股市生涯中，这样的成绩前所未有。此后，他调整了投资策略，决定暂时以旁观者的视角审视投资过程。在坚持自我反省和学习的过程中，李老板逐渐形成了独特的投资风格。

股票投资具有获取高额回报的潜力，特别是对于那些选择长期持有的投资者而言。企业家们可以投资不同规模的企业，必须警惕股市风险！其实，在这些钱生钱的策略中，除了银行存款，其他投资模式都伴随着风险。投资者要掌握一定的专业投资知识与经验，还要在心理上做好充分准备，才能掌控风险。初次涉足金融市场的“新手”，一定要谨慎投资，减少初始投资额。

# 35. 股权融资模式

**股权融资的钱确实容易拿，但一旦投资人决定将钱投入企业，企业就不再是企业家个人的，而是大家的。**

## ➤ 模式拆解

股权融资模式，就是企业为筹集资金，通过发行股票的方式向投资者出售企业所有权的一部分。这种融资方式能够让企业获得长期稳定的资本，而无须承担固定的利息支付压力。在股权融资过程中，投资者购买企业的股票，成为企业的股东，享有企业未来的利润分红和参与企业经营决策的权利。因此，股权融资备受投融资双方青睐，其核心特点在于风险与收益并存。

对于企业而言，股权融资是一种有效的资本筹集方式，但也可能导致企业所有权结构的改变和股东间的利益协调问题。因此，我经常提醒采取股权投资的企业老板，操作股权融资必须谨慎考虑融资条件、投资者选择和后续管理等关键因素。

## ➤ 模式落地

首先，企业需要明确融资目标，包括所需资金金额、资金用途、企业估值及股权出让比例等，确保这些目标与企业战略规划相匹配。

其次，完善商业计划书，全面展示企业的价值、潜力及未来战略规划，以吸引潜在投资人，并与筛选出来的投资人进行初步接触。

再次，进行路演，向投资人详细介绍企业情况，回答其提问，以展示企业实力和形象。在初步达成意向后，与投资人就企业估值和股份比例进行谈判，并签署意向书。

又次，进入尽职调查阶段。企业需要提供真实、准确、完整的资料和信息，以供投资人评估投资价值。若尽职调查结果满意，双方将进入最后谈判阶段，并就关键条款达成一致。

复次，签署正式的投资协议，明确投资金额、股份比例、资金用途等关键条款。协议签署后，投资人将资金打入企业账户，企业需确保资金及时用于约定用途，并定期向投资人报告资金使用情况。

整个股权融资的优势显著，能解决企业的财务难题，为企业的快速发展注入动力。融资成功后，企业将会实现显著的资本溢价。此外，股权融资的退出途径更为多元化。

**案例实操**

深圳长石新能源公司致力于新材料与新能源技术的研发及市场推广。随着其不断的发展，长石新能源公司决定踏上股权融资的征程。

初期，由于新能源领域尚未被市场广泛认知，长石新能源遭遇了融资瓶颈。但凭借着其前沿的技术实力与清晰的发展蓝图，逐渐吸引了投资界的目光，赢得了投资者的信赖与青睐。经过数轮艰苦卓绝的磋商，最终以增资扩股的形式成功完成了股权融资。

这批战略投资者的加入，不仅为长石新能源注入了急需的资金血液，更带来了宝贵的行业智慧与资源网络，为公司的技术研发与市场拓展提供了强有力的支撑；还让长石新能源收获了丰富的市场资源与行业经验，提升了品牌知名度与市场影响力，进一步巩固了其在新能源行业的领先地位。

总而言之，此模式有助于企业快速获得大量资金，但也需权衡股权稀释等风险。企业在进行股权融资之前，需要做好充分的心理准备，并深入了解公司治理中关于控制权分配的机制与规则，才可确保股权融资最终成功的核心要素：在尽量保持控制权稳定的基础上，实现溢价倍数的最大化。

## 36. 并购重组盈利模式

**并购重组就像企业玩了一场“搭积木”游戏，巧妙组合，创造新价值；其盈利模式，则是通过“魔法变现”，让资产翻新升值，实现财富增长。**

### ➤ 模式拆解

并购重组盈利模式是企业通过并购（合并与收购）或重组活动，实现资源整合、业务扩展或优化，从而创造新的盈利增长点的一种策略。

并购通常涉及两家或多家独立企业的合并，其中一家优势企业吸收另一家或多家企业，以获取其资产、技术、市场渠道等，实现规模效应或业务多元化。重组则侧重于企业内部或企业间的资产、负债、股权结构的调整和优化，以提高运营效率，降低成本，或者剥离不良资产。

在这种盈利模式下，企业可以通过并购获得新的业务增长点，通过重组优化资源配置，获得更高的市场份额、更强的竞争力和更稳定的盈利能力。

### ➤ 模式落地

并购重组盈利模式是企业资本运作的重要手段，可以帮助企业实现战略转型和业务升级。

首先，企业需根据自身发展目标和市场环境，明确并购战略，包括确定并购的目标行业、目标企业及并购后的整合方向等。

其次，必须组建一支具备市场洞察力、资金运作能力、人际关系协调能力和执行能力的并购团队。团队成员应包括财务、法律、业务等多方面的专家，以确保并购过程的顺利进行。

再次，需要对目标企业进行深入的尽职调查，了解其财务状况、市场前景、技术实力等。同时，采用合理的估值方法对目标企业进行估值。

复次，根据尽职调查和估值结果，应充分考虑双方利益，设计合理的交易结构，可能包括股权收购、资产收购、债务重组等多种形式。

在交易结构设计完成后，双方进入谈判阶段，协商解决估值分歧、支付方式、过渡期损益等关键问题。

最后，双方签订并购合同，明确各自的权利和义务。

并购完成后，企业需对目标企业进行有效整合，实现并购双方的优势互补和协同效应，提升企业的整体竞争力。

**案例实操**

北方某市已有 30 余家托管机构，经营模式多为夫妻店，盈利状况一般。一位托管机构的老板决定打破常规，开设 30 家连锁机构，预计每月每家盈利 1 万元，年盈利总额超 300 万元。然而，如何实现所有店铺盈利、控制经营风险、筹集巨额启动资金等问题接踵而至。显然，常规盈利模式难以吸引天使投资投入几百万元资金。

面对资金难题，老板求助于我。我提出了一项创新方案：以少量资金启动连锁梦想。具体做法是，拟定一份订购合同，预付 1 万元定金，约定一年内以收购 51% 股份的方式并购托管机构。他们锁定了 30 家勉强盈利的托管机构进行谈判，以分期付款的方式吸引对方同意并购。

并购资金从何而来？我建议通过众筹解决，众筹对象为托管机构孩子的家长。众筹理由直击家长痛点：孩子托管几年总费用不菲，现在投资 5 万元即可获得托管机构股份分红，且孩子可免费托管。由于只收购 51% 股份并分阶段付款，实际上每家机构仅需 15 万元资金，即三位家长投资即可。利用家长希望孩子得到优质托管并获取额外收益的心理，老板顺利收购了 30 家机构。

然而，仅凭托管费盈利难以支撑大规模连锁运营，还需给投资家长分红。我的策略是整合其他产品盈利，特别是在托管机构旁开设培训工作室，提供多种培训课程。通过整合培训机构，不仅增加了收入来源，还减少了竞争对手。

通过并购整合，避免了开设新店的烦琐事务和资金投入，同时可以聘用原来机构的老板，并且与培训机构合作拓宽业务范围，为未来发展铺平道路。

总之，这位托管机构老板通过创新思维和资源整合，成功打破了行业瓶颈，实现了开设连锁托管机构的梦想。在面对行业挑战和资金难题时，要利用现有资源，通过并购重组，开启创新思维模式，寻求合作机会。

## 37. 债务融资模式

**债务融资就像向未来借钱开派对，现在爽歪歪，以后得还钱；又像借钱买装备打游戏，赢了赚大钱，输了得勒紧裤腰带还债！**

### ➤ 模式拆解

债务融资就像是企业借钱过日子的一种方式，只不过这“借钱”可是个大学问。简单来说，债务融资就是企业向银行、债券投资者这些“债主”借钱，并承诺在一定期限内还本付息。它能在短期内给企业带来大量现金流，支持企业发展和创新。但是，企业得承担一定的利息成本，还得按时还钱，不然信用可就砸了。

企业要根据实际情况，如资金需求、还款能力，灵活选择合适的债务工具和融资策略。

### ➤ 模式落地

企业需要明确债务融资的目标金额、期限及预期的融资成本，并确保企业符合债务融资的基本条件，如有良好的信用记录、稳定的现金流和可行的还款计划。

企业需要根据自身的经营情况和融资需求，选择最适合的融资方式。例如，银行信贷、企业债券、商业信用和租赁融资等。

在确定融资方式后，企业要制定详细的融资策略，包括确定融资的利率、期限、还款方式等关键条款，以及制定与债权人的沟通和谈判策略。此外，还应考虑如何优化融资结构，以降低融资成本并提高融资效率。

在执行融资计划时，企业需要与债权人进行深入的沟通和谈判，使融资条款符合双方的利益。同时，企业还应按照融资计划的要求，提供必要的担保和抵押物，以增强债权人的信心。在融资成功后，企业应按照约定的还款计划按时还本付息，以维护良好的信用记录。

在债务融资过程中，企业需要持续监控融资的使用情况和还款进度，以确保资金的安全和有效使用。同时，企业还应建立风险管理机制，以应对可能出现的融资风险。具体包括制订应急预案，加强与债权人的沟通协作，及时调整融资策略等。

**案例实操**

小镇上，“梦想工坊”为了扩大生产规模，引入设备，正面临着资金困境。正当工坊主老李愁眉不展之际，有位精明强干的青年出现了，他一眼就看出了老李的烦恼。得知老李陷入了资金困境，青年建议老李开展“债务融资大冒险”。他为老李设计了一套灵活的债务融资方案，既能帮助工坊快速奔跑，又不至于让老李背负过重的负担。在青年的争取下，银行愿意贷款给工坊，利率适中，还考虑到工坊的成长节奏适当延长了还款期限。

青年还提议举办一场小型的“融资庆典”。庆典上，老李亲手制作了一只展翅欲飞的凤凰，寓意着工坊将在债务融资的助力下涅槃重生。来宾们深受感动，纷纷为“梦想工坊”的未来加油鼓劲。工坊获得了新生，老李和青年成为“最佳拍档”，一起追求梦想。

# 38. IOP上市模式

**IPO 上市模式就是公司“长大成人”后，敲锣打鼓去股市“相亲”，寻找投资者共谋大事，即企业从“私奔”到“公开恋爱”，携手股民共创辉煌。**

### ➤ 模式拆解

什么是 IPO？就是“Initial Public Offering”的缩写，意为“公司第一次向大众公开卖股票”，也就是“公司上市”。

例如，餐馆老板想发展连锁品牌，抢占市场，在自身资金不足的情况下，就要 IPO 上市——向全社会融资。

### ➤ 模式落地

IPO 的操作，意味着企业老板需要找投行帮忙，让投行充当企业的“金融顾问”。

第一，投行要完善公司的管理制度，让企业变得正规守法，如打造品牌形象。

第二，投行要制作上市材料并提交给证监会，证明企业符合上市要求。

第三，老板和企业耐心等待通过证监会的审核。只有通过审核，才能顺利上市。

在上市环节，需要确定公司的估值，才能确定股票价格。一旦上市成功，企业就可以通过 IPO 筹集到大量资金，用于各种业务发展，实现扩张计划。同时，还能提高公司的知名度和影响力，让股票在二级市场上买卖，增加了股份的流动性。

对于投资者来说，购买上市公司的股票既可能是投资机会，也可能存在风险。所以，在投资之前，一定要对公司的财务状况、市场前景和行业地位进行仔细分析。

总的来说，IPO 就像是一场金融界的“盛宴”，让公司有机会筹集到大量资金，实现快速发展。而对于投资者来说，则需要谨慎选择，理性投资。

**案例实操**

华芒生物是一家药物研发公司，其核心产品为用于治疗烧烫伤的 PDGF 凝胶药物 Pro-101-1 和用于治疗糖尿病足溃疡的 PDGF 凝胶药物 Pro-101-2。在过去几年里，华芒生物属于典型的"三无公司"——无产品商业化、无营收、无利润。尽管如此，华芒生物仍积极寻求上市之路，以期通过资本市场融资加速产品研发和市场拓展。

2024 年 4 月，公司首次向港交所递交上市申请，但随后因证监会要求补充材料而暂缓。同年 10 月，由于招股书过期，华芒生物的首次上市申请失效。在完成必要补充材料后，公司于 11 月再次向港交所递交上市申请，得益于其独特的上市策略和坚实的财务基础。

尽管公司尚未实现产品商业化，但其在研发领域的投入和成果仍受到资本市场的一定认可。招股书显示，华芒生物在过去几年中完成了三轮融资，估值从 8.05 亿元升至 33 亿元。其中，青岛国资的加入为公司增添了国有资本的背书，进一步提升了其市场信誉和融资能力。

在财务分析方面，尽管华芒生物尚未产生营收，但其研发开支和行政开支均保持较高水平，反映了公司在产品研发和市场拓展方面的坚定决心和持续投入。同时，公司也通过政府补助和其他收入维持日常运营和研发活动。长期来看，随着产品研发的推进和市场需求的增长，华芒生物有望实现盈利并回报投资者。

华芒生物在上市过程中面临的主要挑战包括：一是产品尚未商业化，缺乏稳定的收入来源；二是研发投入巨大，短期内难以实现盈利；三是市场竞争激烈，需要不断提升研发能力和市场竞争力。

针对这些挑战，华芒生物采取了以下应对策略：一是继续加大研发投入，加快产品临床试验进度，争取早日实现产品商业化；二是积极寻求政府补助和合作伙伴支持，降低运营成本；三是加强市场营销和品牌建设，提升市场知名度和竞争力。

华芒生物的 IPO 上市之路虽然充满挑战，但其坚持创新和持续投入的精神值得借鉴。此外，华芒生物的案例也启示我们，对于尚未实现产品商业化的研发型企业来说，只要具备独特的创新能力和持续的发展潜力，就有可能获得资本市场的认可和支持。

# 产品爆款篇

## 用户抢着下单，躺着也能收钱

# 39. 产品金字塔模式

**构建一个既能满足不同消费者需求，又能实现品牌持续增长的产品金字塔，对于任何品牌来说都至关重要。**

## ➤ 模式拆解

产品金字塔模式是一种非常新颖、比较另类的说法，这种模式并非多么高深莫测，相反是浅显道理的深度运用。这种模式必须配有非常精准的定位，否则将难以达到事半功倍的效果。

产品金字塔模式就像是一场精心策划的“产品盛宴”，从低端到高端，产品应有尽有。金字塔底部摆放着亲民价、量大管饱的“大众情人”产品，仿佛餐厅里的开胃小菜，虽然利润低，但是能够吸引人气，构筑“防火墙”，既阻挡竞争对手的脚步，也保护处于金字塔上层的“贵族们”。

金字塔中部是中产阶级的最爱，品质不错，性价比高，就像餐厅里的招牌菜，利润可观，是“中流砥柱”。

金字塔顶端是“天价”奢侈品，量少而精，专为那些追求极致体验的大佬准备，就像餐厅里的顶级料理，虽然价格不菲，但能让大佬们心甘情愿地掏腰包。企业正是从这些“塔尖明珠”中榨取出最丰厚利润的。

## ➤ 模式落地

产品金字塔模式就像是餐饮界的“金字塔大餐”，底层是海量基础款，人人都能享用；中层是特色小炒，吸引眼球又勾胃；顶层是限量版珍馐，让人仰望又垂涎！

产品金字塔模式的盈利核心在于“高低搭配，干活不累”。底部的低价产品负责打江山，中部的中价产品稳坐钓鱼台，而顶部的高价产品则是“利润印钞机”。例如，马特尔公司的芭比娃娃，从 10 美元的入门级到几百美元的收藏级，每一层都有它的市场和利润。小女孩们玩着底层娃娃长大，变成妈妈后心甘情愿地为那些精致的收藏版买单，这就是产品金字塔模式的魅力所在。

在商业江湖里，只要运用智慧，洞察金字塔秘籍，你也能成为那个笑傲江湖的“盈利大师”！

**案例实操**

某咖啡品牌以高性价比的咖啡饮品面向大众消费者，如美式、拿铁、卡布奇诺等经典款式口感稳定，价格亲民，始终保持着稳定的市场份额。此外，该咖啡还通过定期推出季节限定款等基础层产品，增加消费者的新鲜感和购买意愿。

中端层产品主要推出特色咖啡，以满足消费者对咖啡品质和口感的更高追求，如冷萃咖啡、手冲单品、精品拿铁等。定价策略相对灵活，既保留了性价比，又体现了品质差异。

高端层产品则集中体现了品牌形象，表现出专业水准，推出了旗舰产品，如限量版咖啡豆、精品手冲套装、高端咖啡机等，满足了消费者对高端生活品质的追求。这些产品具有高度的定制化和个性化特点，价格昂贵，但仍然是该咖啡忠实粉丝和高端消费者的首选。

通过构建完善的产品金字塔，使得该咖啡能够根据不同层次消费者的需求制定差异化的定价策略：底层为基础款产品，满足大众需求，量大价优；中层为利润款产品，针对特定细分市场，提供增值服务；顶层为旗舰款产品，代表品牌形象，追求高利润与独特体验。该模式构建的多层次产品体系，帮助该咖啡提高了整体盈利能力，实现了市场份额与利润的双重增长，形成了稳固而高效的产品结构，牢牢锁定不同层次的消费者，驱动企业持续发展。

# 40. 产品增值盈利模式

**产品增值盈利模式就是找到产品的“亮点添加剂”，让顾客心甘情愿多掏钱，还直呼“值”！**

### ➤ 模式拆解

产品增值盈利模式就像一位多才多艺的魔术师，让你的产品不仅能满足顾客的基本需求，还能变出更多让人眼前一亮、心甘情愿掏腰包的戏法，独具魅力！

产品增值盈利模式就是企业在提供基础服务或产品的同时，再额外加上一些高级的、个性化的服务或功能，让顾客觉得“哇，超值”！从而愿意支付更多的费用。这就像在餐厅吃饭，明明只点了一份普通的牛排，餐厅却赠送了一份精致的沙拉、一份香浓的蘑菇汤，还有餐后甜点，让你觉得这一餐吃得简直太值了！

### ➤ 模式落地

（1）精准定位，摸清顾客喜好。你得知道你的顾客是谁，他们喜欢什么，痛点在哪里，才能为顾客量身定制增值服务，让他们觉得“这就是我想要的”。

（2）轻量化上线，快速迭代。先推出一个轻量化的版本，快速推向市场，边推，边收集反馈，边调整优化。这就像在基础款比萨上，根据顾客的口味反馈添加顾客喜欢的配料，使其变成豪华款。

（3）试点先行，逐步推广。先小范围试点增值服务，看看哪些增值服务受欢迎，哪些需要改进。试点成功后，再逐步扩大范围。

（4）打造差异化，建立竞争优势。找出你的产品与竞争对手的不同之处，放大差异，形成特色，顾客才愿意为产品买单。

（5）持续优化，不断创新。你要时刻关注市场动态和顾客需求变化，不断调整和优化你的增值服务体系，才能让顾客始终保持新鲜感和满意度。

记住，产品增值盈利模式的关键是深入了解顾客需求、快速迭代、试点先行、打造差异化、持续优化和创新。这样，你的产品才能变成源源不断的财富！

**案例实操**

某知名在线培训平台推出了个性化学习解决方案这一增值服务。该方案基于大数据分析和人工智能技术，为学员提供定制化的学习路径和资源推荐，旨在提高学习效率和学习成果。

技术投入。平台投入大量资源进行技术研发，构建了一套完善的学员学习行为分析系统。该系统能够实时跟踪学员的学习进度、掌握程度和兴趣偏好，为每个学员生成专属的学习报告。

资源优化。基于技术分析结果，平台对课程资源进行了重新整合和优化。针对不同学员的学习需求，提供了多样化的学习资源，包括视频课程、在线练习、模拟试题等，确保学员能够获取到最适合自己的学习内容。

服务模式创新。平台还推出了在线辅导和答疑服务，由专业教师团队为学员提供一对一或小组辅导，及时解决学员在学习过程中遇到的问题。

盈利模式设计。个性化学习解决方案作为增值服务，平台采用了会员订阅制收费模式。学员可以选择购买不同期限的会员服务，享受个性化的学习资源和辅导服务。平台还与其他培训机构合作，引入了更多的优质课程资源，丰富了盈利渠道。

通过推出个性化学习解决方案这一增值服务，该在线培训平台不仅提高了学员的学习效率和成果，还实现了盈利模式的创新。

总而言之，企业可以借助品牌塑造、技术升级、用户体验优化等手段，提升产品竞争力。同时，采用差异化定价、增值服务订阅、合作分成等策略，拓宽盈利渠道。该模式强调持续创新与客户导向，确保产品持续满足市场需求，实现价值最大化。

# 41. 爆品打造模式

**爆品、市场宠儿、销量王者，集独特卖点、卓越品质于一体，精准触达目标消费者，辅以强力营销，引爆购买热潮。它是企业实力的展现，也是市场趋势的风向标，能够引领消费潮流，创造巨大的商业价值。**

## ➤ 模式拆解

爆品，指在市场上受到广泛欢迎，销量极高，且能引发消费者热烈讨论和购买热潮的产品，具有独特卖点、卓越品质、精准定位和强大的营销推广。

爆品打造模式作为一种市场营销手段，其核心宗旨在于迅速将产品推向市场，达成短期内的销售业绩里程碑，并激发品牌的广泛关注度。其鲜明的特征是低成本投入、短周期运作、高速推广和高效回报，尤其为资源有限的中小企业及初创者提供了解决营销预算紧张、营销执行力弱、库存积压庞大和长期盈利难题的有效途径。

在爆品打造模式框架下，企业要发挥产品的定价智慧，诸如采取极端性价比路线，紧密贴合市场需求，开辟广阔市场版图。相较于大单品模式，爆品可能面临初期强劲但后续动力不足的风险。这源于爆品战略本身的局限，难以在价格策略、市场拓展及产品功能上实现深度挖掘与持续革新。此外，爆品模式是一把“双刃剑”，既蕴含巨大的潜力，也伴随着不可忽视的风险，要求企业在极短时间内迅速累积良好口碑与品牌影响力，对企业形成了严峻的考验。

### ➤ 模式落地

并非所有产品都适宜打造为爆款，关键在于深入理解爆款的内在逻辑。

（1）产品需具备强大的刚需属性，即市场上存在着庞大的消费群体，对该产品有着迫切且持续稳定的需求。

（2）爆款产品需融入微创新的元素，以满足基本需求为前提，在某些特性上进行革新，以独特之处区别于市场上的同类产品，吸引消费者的关注。

（3）爆款产品的需求量必须广阔，确保拥有庞大体量的消费基础。若某产品的潜在市场空间狭小，即便其品质出众，也难以成就爆款的地位。

（4）爆款产品需具备高附加值。产品的售价要高于成本，且产品要能为消费者带来超乎预期的价值体验，诸如在功能上、情感上或者文化层面上，从而在激烈的市场竞争中脱颖而出，让消费者心甘情愿地为其支付更高的价格。

**案例实操**

张总经营着一家潮汕牛肉火锅餐厅，选材严苛，牛肉新鲜，质量上乘。但产品差异化难，市场竞争激烈，导致经营困难。

张总走进了我的课堂，寻求解决的办法。

经过一段时间的学习后，张总尝试推出牛尾鲍鱼饭套餐，真材实料，定价28元，并附赠自制青梅汁，既解腻又健康，且成本可控。同时，提供外卖服务，在包装上印刷二维码，顾客扫码关注公众号即可成为会员，到店消费送小菜，还能积分抵现。

为激励员工，张总规定员工每推荐一份套餐，可以获得2元奖励。此外，他每月总结菜单，淘汰销量低的菜品，有的放矢地精简备货，既能降低成本，减少浪费，也能避免缺货尴尬。

经过一年多的实践，张总成功运用“双爆”策略吸引新顾客，通过扫码注册会员截留潜在客户，借助到店消费送小菜促进回流。在管理方面，他实施业绩增额奖制度，提升员工积极性；积极打造爆款菜品，提升利润。结果，门店客流量增长三倍，营业额从每月32万元跃升至120万元，实现近四倍增长；成本从每月10多万元降至6万元，实现了盈利和效率的双提高。

“双爆”模式之所以能够成功转化为经济效益，首要因素在于其精准的市场定位与需求捕捉；其次，高质量与高性价比是爆款产品的核心竞争力。再次，营销策略与宣传渠道的精准运用也至关重要；复次，供应链管理与成本控制的高效运作是“双爆”模式盈利的关键；最后，用户黏性与复购率的提高是持续盈利的保障。总之，“双爆”模式的终极精髓聚焦于盈利变现，其核心在于实现高效的转化率，以确保盈利。

## 42. 产品稀缺模式

**产品稀缺模式就像是限量版汉堡，抢着吃才觉得香；又像是追剧等更新，越等越觉得剧情妙！**

### ➤ 模式拆解

产品稀缺模式虽然不新鲜，但是让人又爱又恨，欲罢不能。它就像是一场精心策划的“僧多粥少”大戏，商家们各显神通，只为让顾客觉得“我得赶紧抢这个东西，不然就没了”。

当你走进一家店，正想买下一款心仪已久的商品，店员却告诉你：“这款就剩下最后一件了！”这时候，你是不是赶紧掏出手机扫码付款？这就是产品稀缺模式的魔力所在。它充分调动起人们内心深处对“失去”的恐惧和对“独特”的追求。

### ➤ 模式落地

方法1：数量稀缺，制造抢购热潮。

商家们最喜欢搞限量发售，让顾客觉得抢到的不仅是产品，更是荣耀和优越感。商家则通过这种方式赚足了眼球和话题度，双赢！

方法2：时间稀缺，营造紧迫感。

除了数量稀缺，商家们还喜欢玩时间稀缺。比如，“双11”大促往往只限当天，迫使顾客熬夜抢红包拼手速下单。其实，商家们的优惠力度刚好能让顾客心动，又不会亏本。

方法 3：设置门槛，提升产品价值。

商家们还会通过设置门槛的方式，提升产品的价值。比如，某些高端信用卡采取邀请制，顾客必须满足一定条件才能申请，使持卡成为身份和地位的象征。

方法 4：强调唯一性，激发收藏欲。

商家们还会强调产品的唯一性。比如，限量版的艺术品、奢侈品等，使顾客觉得购买的不仅是商品，而且是一个故事和一种情怀。

**案例实操**

产品稀缺模式通过限制产品的生产数量或销售时间，营造出“物以稀为贵”的氛围，从而激发消费者的购买欲望。

某知名运动鞋品牌决定推出一款限量版运动鞋。这款运动鞋在设计上融入了时尚元素与品牌文化，在材质和技术上也进行了全面升级，在市场上显得非常独特。

在宣传阶段，品牌通过社交媒体、线下活动和明星代言等多种渠道，特别强调了这款鞋的限量属性，以及它所代表的品牌精神和时尚态度。同时，品牌还透露了运动鞋的售价和发售时间，进一步激发了消费者的购买热情。

发售当天，品牌在各个销售渠道都设置了严格的限购政策，确保每位消费者只能购买一双，还采取抽签、预约等方式，增加购买难度，进一步强化了产品的稀缺性。这种策略引发了消费者的抢购热潮，使限量版运动鞋在短时间内迅速售罄。

限量版运动鞋的成功发售，不仅为品牌带来了可观的销售额，而且还提升了品牌的知名度和美誉度，赢得了成功抢购消费者的口碑传播，获得了潜在消费者的关注。此外，限量版运动鞋的稀缺性还催生了消费者的“收藏文化”，满足了消费者的物质需求和精神需求，使产品在消费者心目中产生了特殊意义。

未来，随着消费者需求的不断变化和市场竞争的日益激烈，产品稀缺模式仍将是众多品牌吸引消费者、提升产品价值的重要手段之一。

# 43. 产品时空盈利模式

**产品在不同时间、不同“空间”的价格是不一样的。不管创业还是做生意，只要善于打时间差和空间差，赚钱就不会太难。**

### ➤ 模式拆解

众所周知，“时间就是金钱”，很多创业者和商人把这句话错误地解读为“投入更多时间以累积财富”，智者则深刻领悟到“经营之道在于高效利用时间，以最短路径获取更多收益”。那些出类拔萃的企业领袖，更是洞悉“于众人未觉之时，我已悄然获利”，此乃利用时间窗口的智慧。无论是创业还是经商，核心都是把握时间差。

### ➤ 模式落地

通过便捷高效的物流网络，我们得以品尝全球特定地域出产的美食珍果，但是这些珍果价格不菲。水果作为季节性商品，其供应与价格随季节更替而波动。初上市时，量少价高；至盛产期，量增价跌，车厘子便是典型代表。

面对实体店高昂的价格，消费者转向网购，如拼多多。然而，商家利用预售机制，标注 45 天发货，多数买家往往忽略这个细节，直到数日过后未见物流，方察觉发货周期太长，只能取消或者等待。其实，商家的策略正是预估到肯定会有一部分消费者选择等待，这样商家等到发货时车厘子的批发价已降，就会有利可图。在此期间，商家无须囤货，无须场地，只要与代发的大型批发商建立联系约定到期发货即可，盈利必然可观。

综合来看，该项目要素有三：掌握拼多多规则，善用时间差；了解水果上市时节与价格走势；寻得可靠批发商合作。

这个案例启示我们，创业经商中，依托协议、合同等法律手段掌握主动权，于约定时间内巧妙利用时间差布局，可开辟广阔的盈利空间。

**案例实操**

当前市场，囤货已成为普遍的商业策略，核心在于低价时大量购入，高价时售出，以此实现低成本高利润。反季商品，即非时令需求之物，除了质量，关键在于顾客需求。在反季市场中，很多尾货商家第一桶金源自反季囤货，如夏季热销的蚊香水、凉席等，冬夏价格差异显著。

小 A 是批发商，拥有众多小型超市和店铺，具备囤积货物的有利条件。他的经营模式是先从各处采购商品，然后将这些商品分发给周边的超市或自己开设的店铺进行销售，以此赚取商品差价。在与其他零售商合作时，小 A 采取订单完成后再进行利润分成的结算方式。

在日常生活中，人们需要满足衣食住行的需求，其中衣物较为畅销。令人惊奇的是，反季节服装的销售情况有时甚至超过了当季服装。拼多多那些销量突破 10 万件的低价服装，很大一部分都是反季节的货源。简言之，就是运用“夏季售卖皮衣，冬季推销泳装”的销售理念，促使顾客在“反季即优惠，优惠即购买”的消费观念驱使下，果断下单。

缺乏线上营销经验者，可在乡镇销售反季服装。因为农村消费者更注重价格，对潮流不甚敏感，而反季服装价格亲民，很容易打造出几十元至上百元的爆款产品。此外，薄利多销是关键。销售反季服装应以销量取胜，避免随意提价，还可以打造如“清仓处理、反季促销”等醒目招牌吸睛。

我想告诉大家：现实中确实存在着一些能够盈利的行业，我们必须先具备一定的资源基础，才能逐步涉足其中。想要实现较大的经济收益，首要任务就是发掘并积累这样的资源。

# 引爆营销篇

## 不花一分钱，让全网帮你卖货

# 44. 押金模式

**押金模式不仅是商家的约束与保障，而且是源源不断的财富库。押金模式解决的是现金流问题。通过收取押金，企业可以提前获得一笔资金，从而缓解短期内的现金流压力。**

## ➤ 模式拆解

押金模式是一种常见的商业模式，即企业通过向客户收取一定数额的押金，以确保交易顺利进行。

很多商家运用押金模式，仅限于通过缴纳押金约束客户，从而使客户保护商品完好无损，按时归还商品；或者，当客户损坏商品之后，商家能够通过押金进行赔偿或解决纠纷，降低企业的风险和损失。商家不知道的是，押金模式还能为商家实现盈利。

我们先来看一张拆解概念的思维导图，见图 44-1 所示。

由此可见，押金在交易期间由商家持有，不仅降低了商家的经营风险，还让商家拥有了一笔可用的现金流，可以进行短期投资，支付运营成本或扩大业务规模，从而提高资金使用效率，增加盈利机会。

## ➤ 模式落地

通过图 44-1 能够清晰地理解押金模式的落地模式和押金模式的运用场景，但是，不管是共享单车、充电宝，还是租赁房屋，都是押金模式运用的最基本的场景。简单地说，在这些基本场景中，押金模式只能实现基本功能，即降低商家经营风险。

我想告诉各位，押金模式对于商家而言是非常难得且重要的现金流。

商家可以把押金用作短期投资的本金，或者运营的资金补充，还可以在资金紧张时确保企业的正常运营。此外，充足的押金还能用于扩大业务规模，提升服务质量，升级产品结构。对于商家来说，让客户心甘情愿缴纳押金的关键在于降低心理阻力，提升信任感，并让押金与客户利益挂钩。获取押金的具体策略和实践方法见表 44-1。

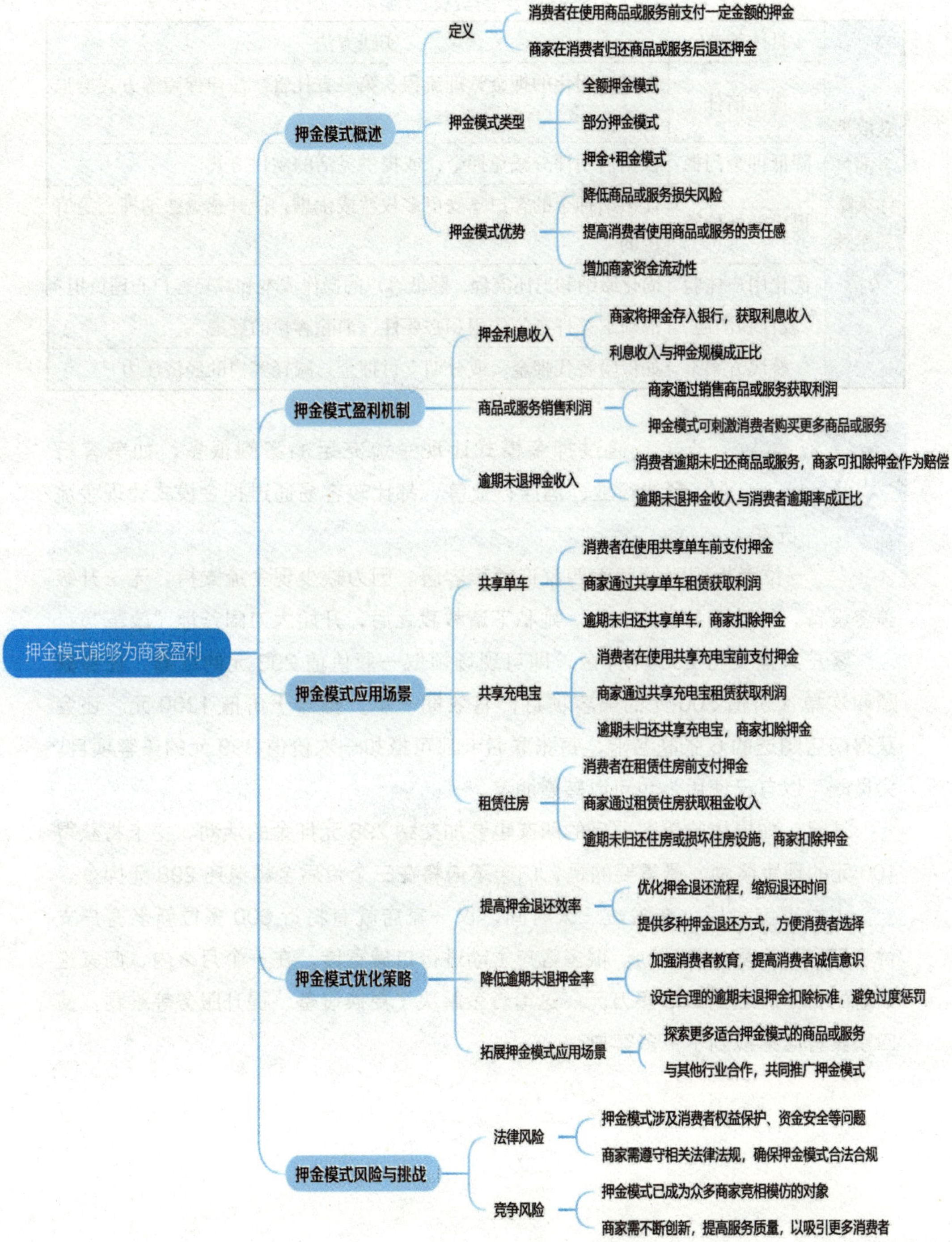


图 44-1　押金模式概念思维导图

表44-1　获取押金的具体策略和实践方法

<table>
<tr><td rowspan="7">获取押金的具体策略和实践方法</td><td>具体策略</td><td>实践方法</td></tr>
<tr><td>建立信任</td><td>通过透明化的押金管理流程、第三方托管、法律保障等方式增强客户信任</td></tr>
<tr><td>降低押金门槛</td><td>根据信用评分减免押金，或提供灵活的支付方式</td></tr>
<tr><td>提供额外价值</td><td>让缴纳押金的客户享受更多权益或优惠，使其感觉缴纳押金是值得的</td></tr>
<tr><td>优化用户体验</td><td>简化缴纳和退还流程，降低客户的操作成本和减轻客户心理负担</td></tr>
<tr><td>教育和沟通</td><td>清晰解释押金的作用和必要性，消除客户的疑虑</td></tr>
<tr><td>替代方案</td><td>如保险替代押金，或分期支付押金，减轻客户的经济压力</td></tr>
</table>

**案例实操**

通过押金模式让现金流充足的案例很多，如美容行业、餐饮行业、酒店行业等，都比较容易通过押金模式让现金流充盈。

一位老板艰难经营着四家连锁美容店。因为缺少现金流支持，无法升级美容设备，导致部分客户流失。她私下请教我之后，开始大刀阔斧地“改革”。

客户只需支付 298 元押金，即可现场领取一瓶价值 298 元的红酒；还会获赠四次单次价值 300 元的美容项目，有效期一年，相当于价值 1200 元；还会获得门店赠送的 6 张联名卡，每张联名卡都可抵扣一次价值 399 元的美容项目，会员既可以自己使用，也可以转赠朋友。

注意：如果体验美容项目的朋友也参加交纳 298 元押金的活动，主卡将获得 100 元的现金奖励。最重要的是，门店承诺将在三个月后全额退还 298 元押金。

大力宣传之后，在短短三天时间，仅一家店就有将近 600 多位新老客户支付了押金，享受相关活动。很多客户主动进行口碑宣传，在一个月之内，四家连锁店的资金流达到 200 多万元。这笔资金解决了更换设备、提升服务等难题，使四家美容店招揽到了更多客户。

# 45. 招商模式

**招商模式的底层逻辑，是为自己招来有钱、有能力、有资源的人。老板要从“产品为王”转换为“招商为王”。在招商中学会收人、收钱、收心。**

### ➤ 模式拆解

招商模式通常是指企业、政府或组织通过特定策略和手段，吸引外部投资者、品牌商、合作伙伴或资源方参与合作，以实现资源整合、市场拓展、收益增长或区域经济发展的系统性方法，包括商业招商、政府招商、品牌招商、项目招商等。但不管采取什么类型的招商模式，关键都在于通过优势互补、利益共享，达成双方或多方的共赢目标。

讲解招商模式时，我更倾向于将这一模式的底层逻辑落地，即招来有钱、有能力、有资源的人或公司与自己合作。企业在运用招商模式时，可以参考招商模式具体操作的思维导图，见图 45-1 所示。

### ➤ 模式落地

这世界上有两件事情最难：第一件，将别人口袋的钱放到自己的口袋里；第二件，将自己脑袋里的想法放到别人的脑袋里。招商模式要同时完成以上两件事，既要让别人接受自己的想法，也要让对方出钱出力出资源，因而可谓难上加难。

如何快速实现招商的目的，要依靠如下所述的万能模板。

第一步，找到精准的客户群，也就是思维导图中所说的做好调研。

要设计能够打动精准客户的内容，吸引有需求、有能力的人。与此同时，将企业、产品、服务、项目等内容打造成新闻点，并发表在新闻网站，由此作为企业背书。

第二步，招商流程需要告知对方“他能得到什么”。

一般来说，招商要让对方看到，他加入之后能够获得哪些利益。具体来说，就是讲清楚“我为你提供……你能得到……”的利益关系。

第三步，精彩的招商 PPT 能够为整个招商过程添彩。

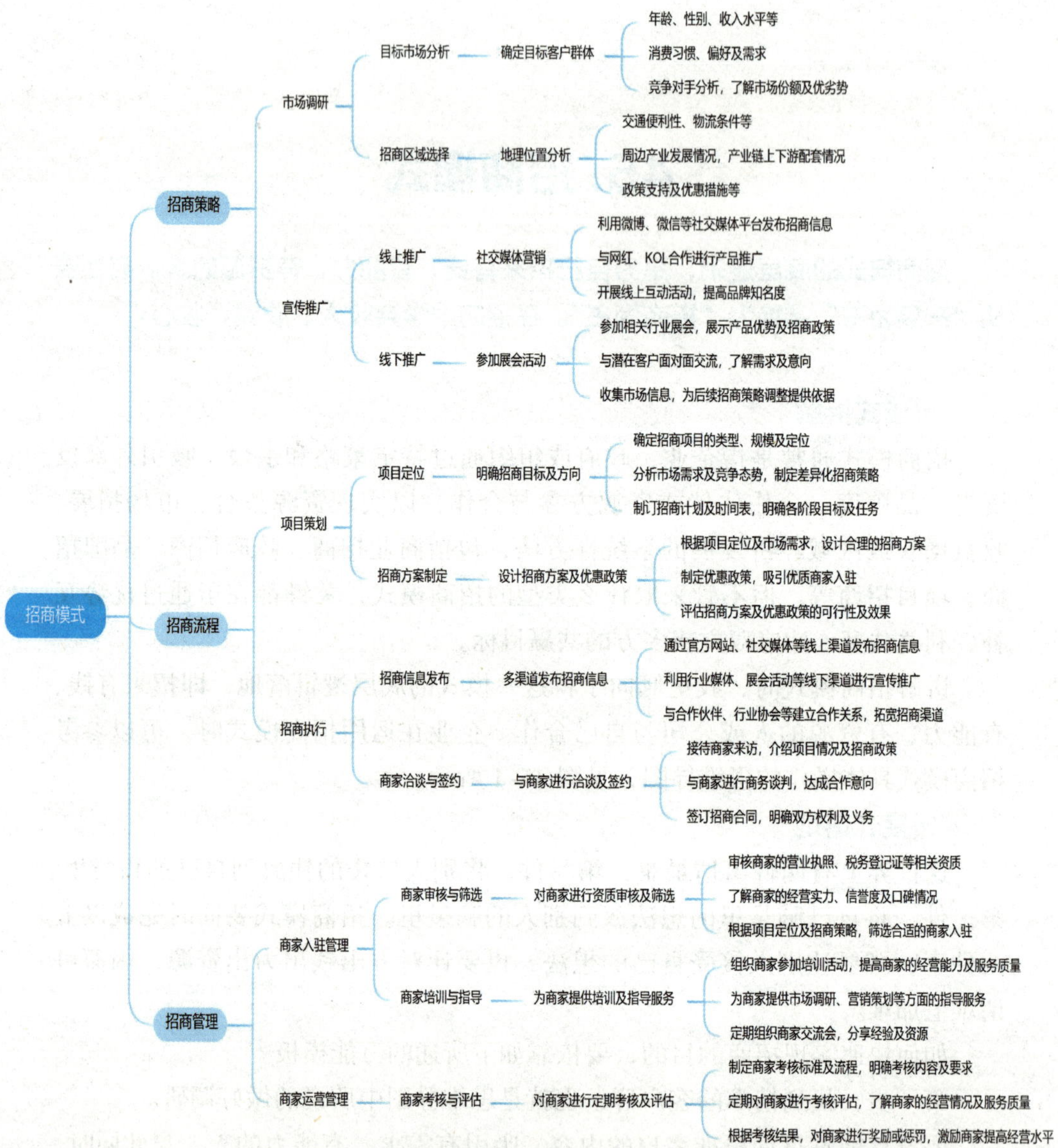


图 45-1　招商模式思维导图

要在 PPT 里向潜在合作伙伴传达重要信息，这些信息要能够激发他们的投资兴趣。

第四步，制作精美的招商视频，从视觉上冲击潜在客户。

第五步，完整的招商方案，必须具备三个核心内容：

客户用什么方式合作？

客户在合作中面临的风险有多大？

客户在合作中获得的收益有多大？

这三点正是潜在客户最想知道的核心内容。

第六步，招商要基于公平公正的原则，签订招商合同，才能起到彼此约束与保护的作用。

**案例实操**

贺总在二线城市开了3家连锁店销售汽车用品。他属于传统型老板，虽有梦想，有干劲儿，却没有思路。我对他进行单独指导，建议他通过招商模式开拓市场，打造更多连锁店。

具体来说，可以将招商分为三个等级，即创业招商、城市招商、战略招商。不同等级招募不同级别的合伙人，具体见表45-1。

表45-1　招商模式中的具体案例

| 级别说明 | 投资额（元） | 权益（元） | 推广 | 业绩累计 |
|---|---|---|---|---|
| 创业招商 | 10万 | 15万 | 10% | 1% |
| 城市招商 | 30万 | 60万 | 20% | 2% |
| 战略招商 | 100万 | 300万 | 25% | 2.5% |

按照表格内容，能够看到投入越大，收益就越大，不同投资还有着不同的推广佣金。当然，除了表格中的三项权益，还可以根据实际情况为投资者设置其他不同的权益。

贺总当即按照我的建议进行调整。不到半年，他的连锁店就从3家发展到100多家。可见，只有运用正确的模式招商，企业才能做乘法。

# 46. 裂变模式

**一生二，二生三，三生万物。裂变就是从1到无限，从线上到线下的营销模式之王。**

## ➤ 模式拆解

裂变模式是通过利用用户自身的传播力量，实现快速裂变，迅速积累客户、粉丝的一种营销模式。它利用了“复利效应”的原理，将复利概念中

“投资中利息的积累增长”替换成每个新加入的单位或个体。简单说，A 作为一个基数分裂出 B1、B2；接着 B1 作为一个新的个体基数分裂出 C1、C2、C3……以此类推，每个新加入的单位或个体都会成为下一个基数，也就是新的增长点，从而推动整个系统的快速增长。

从理论上来说是，裂变模式是无限的，也就是从“1”开始无限裂变的。

### ➤ 模式落地

裂变模式最重要的就是落地，如何通过裂变模式实现企业的发展才是重中之重。落地实施时，需要一系列精心设计的步骤和策略，见表 46–1。

表46–1　裂变模式落地关键要素和步骤

| 关键步骤 | 特征 | 具体内容 |
|---|---|---|
| 确定裂变目标和策略 | 明确目标 | 首先，确定裂变的目标是什么，增加用户数量、提高品牌知名度或促进产品销售 |
|  | 制定策略 | 根据目标，制定具体的裂变策略。这可能包括用户邀请计划、内容分享、社交媒体互动、奖励机制等 |
| 设计裂变机制 | 激励机制 | 设计吸引人的奖励机制，如现金返现、优惠券、积分、特权等，以激励用户参与裂变活动 |
|  | 分享机制 | 确保用户能够轻松地分享内容或邀请好友，可以通过社交媒体按钮、邀请链接、二维码等方式实现 |
|  | 反馈机制 | 建立有效的反馈渠道，让用户知道他们的分享或邀请是否成功，以及他们获得了哪些奖励 |
| 优化用户体验 | 简化流程 | 确保裂变活动的参与流程简单明了，避免烦琐的步骤阻碍用户参与 |
|  | 高质量内容 | 提供有价值的内容或产品，确保用户愿意分享和推荐 |
|  | 个性化体验 | 根据用户的偏好和行为，提供个性化的推荐和体验，增加用户的满意度和忠诚度 |
| 推广和营销 | 多渠道推广 | 利用社交媒体、电子邮件、短信、应用类通知等多种渠道推广裂变活动 |
|  | 合作伙伴 | 与有影响力的个人或品牌合作，扩大裂变活动的曝光度和参与度 |
|  | 定期更新 | 定期更新裂变活动的内容和奖励机制，保持用户的新鲜感和参与度 |
| 数据分析和优化 | 收集数据 | 使用数据分析工具收集裂变活动的相关数据，如参与人数、转化率、分享次数等 |
|  | 分析数据 | 深入分析数据，找出裂变活动的亮点和不足 |
|  | 优化策略 | 根据数据分析结果，调整裂变策略，提高活动的效率 |

续表

| 关键步骤 | 特征 | 具体内容 |
|---|---|---|
| 监控和评估 | 实时监控 | 实时监控裂变活动的进展，确保活动按计划进行 |
| | 定期评估 | 定期评估裂变活动的成果，如用户增长数量、品牌知名度提升等 |
| | 持续改进 | 根据评估结果，持续改进裂变策略和活动设计，以实现更好的增长效果 |

裂变模式对于企业的发展具有重大意义，它能够大大提高产品知名度，扩大市场份额，降低营销成本，增强用户黏性，并最终实现持续增长。通过裂变模式增长逻辑思维导图，能够大概了解裂变模式，见图 46–1 所示。

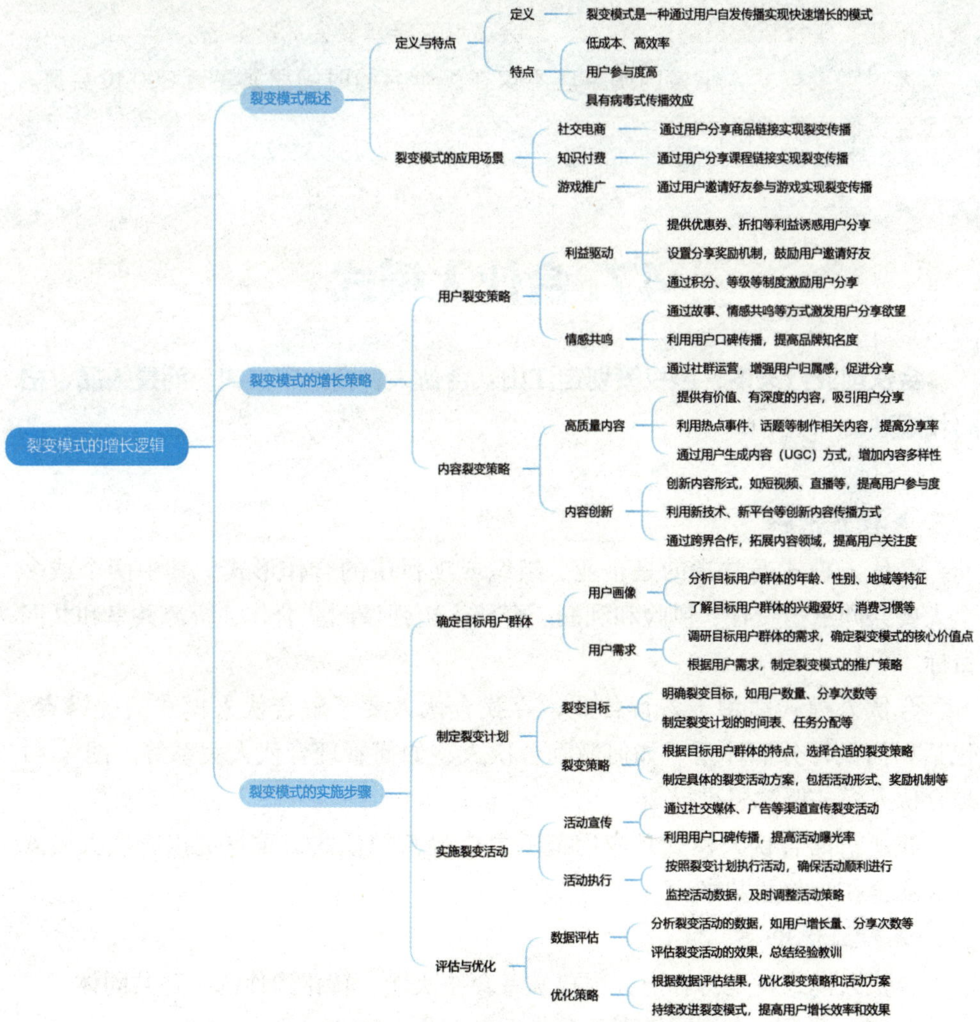


图 46–1　裂变模式增长逻辑思维导图

**案例实操**

有一位大学刚毕业就创业的年轻人小童，她大学毕业后跟父母要了一笔创业金，决定开家奶茶店。创业之初，七七八八砸进去小 10 万元钱，开业之后却发现每天入不敷出。

后来，小童改变策略，在开业的第二个月就收回了开店成本。

首先，小童的店开售 99 元会员卡，成为会员，不仅可以享受会员价，还可以免费吃早餐。

其次，小童通过裂变模式，让已经成为会员的顾客去“分裂”更多的会员。具体做法：一是让会员发朋友圈集赞换免费饮品，扩大宣传；二是让会员介绍朋友，推荐并成为新会员超过 10 人，老会员可直接享受会员费全返。

通过裂变模式，小童的奶茶店不仅在一个月的时间积累了近 800 位会员，而且会员们的黏性都很强。

# 47. 合伙人模式

**合伙创业打天下，股权策划定江山。合伙人，合的不是钱，而是人品、格局和规则。**

### ➤ 模式拆解

合伙人模式通常指的是企业、组织或项目中的合作形式，其中两个或多个人要共同承担责任、风险和利润。合伙人更强调团队合作、资源共享和共同目标。

合伙人模式适用于各行各业，寻找合伙人要了解合伙人模式的关键点，包括如何设计分润体系、如何激励合伙人、如何管理合伙人关系等。图 47–1 是合伙人模式概念思维导图。

我所讲的合伙人模式是应用范围更广的营销模式，重点突出合伙人模式的长期合作与收益共享。

### ➤ 模式落地

合伙人模式就是将客户、用户或者合作伙伴，转化为你的利益共同体。

咱们来看看三个不同级别的合伙人各有什么特点，见表 47–1。

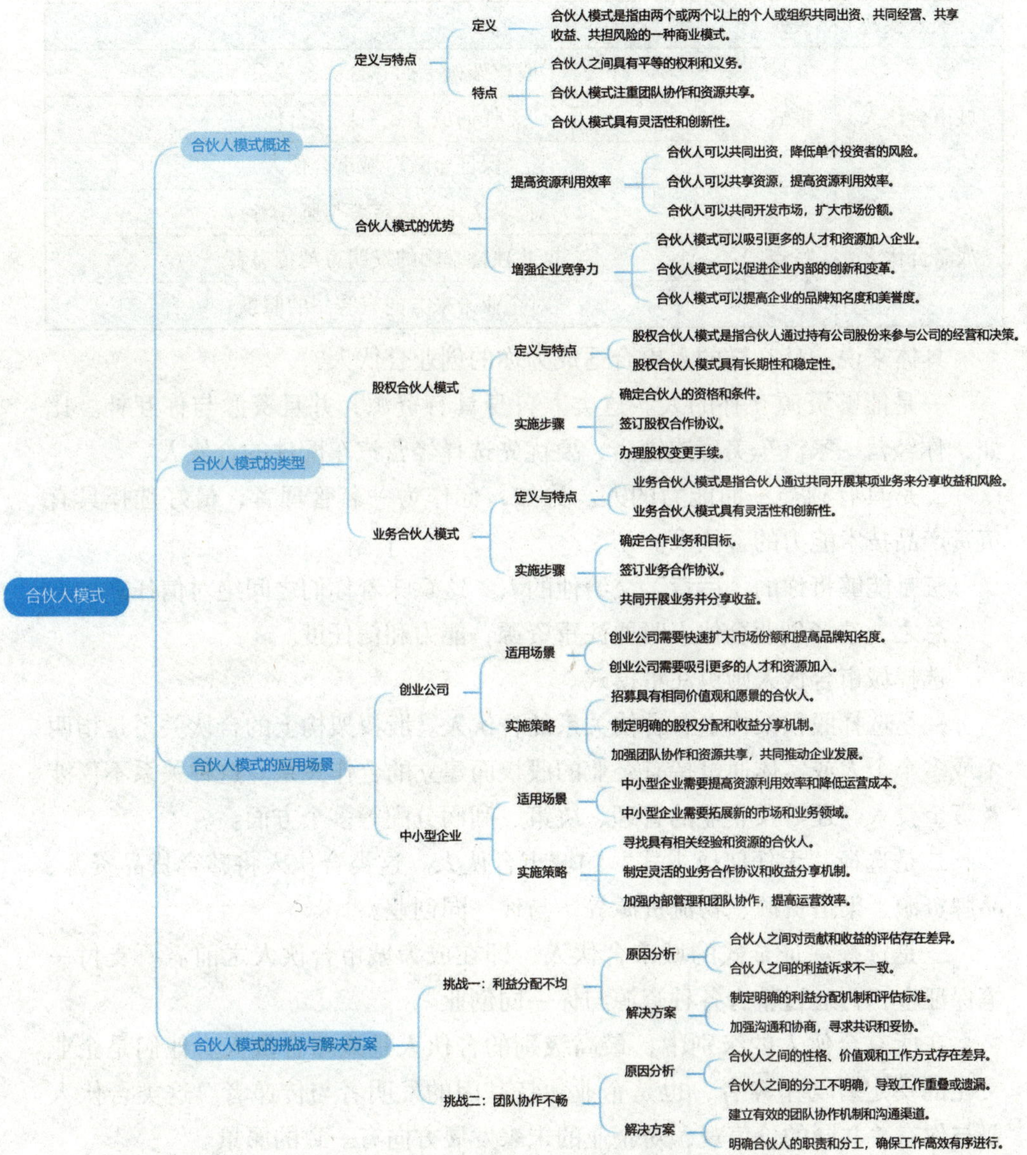


图 47-1　合伙人模式概念思维导图

**表47-1　不同级别合伙人的特征**

| 合伙人模式 | 类别 | 特征 |
| --- | --- | --- |
| 创业合伙人 | 条件 | 资源互补 |
| | | 独当一面 |
| | | 要“背靠背” |

续表

| 合伙人模式 | 类别 | 特征 |
|---|---|---|
| 城市合伙人 | 模式 | 股权架构上的“合伙”关系 |
| | | “无任何成本式”城市合伙人 |
| | | “保证金式”城市合伙人 |
| 战略合伙人 | 特点 | 企业文化的奠定者与坚守者 |
| | | 企业独特基因的发明者与传递者 |
| | | 对企业未来方向有统一的愿景 |

具体来说，什么样的人更合适成为你的创业合伙人？

一是能够资源互补的人。这类人自身具有资源，并且资源与你互补。比如，你经营一家汽车美容连锁店，要优先选择经营汽车配件的合伙人。

二是具有独当一面能力的人。比如，你作为一名管理者，最好选择具有负责产品技术能力的合伙人。

三是能够将你的“后背”交给他的人。这意味着你们之间绝对信任。

总之，选择创业合伙人时要注重资源、能力和信任度。

选择城市合伙人则更注重模式。

一是选择股权架构上有合伙关系的合伙人。股权架构上的合伙关系是指两个或多个个人或实体通过持有企业的股权而建立的合作关系。这种关系不仅涉及资金投入，还涉及企业的管理、决策、利润分配等多个方面。

二是选择“无任何成本式”的城市合伙人。这类合伙人将整合货品资源、品牌资源、渠道资源、物流资源等，与你一同创业。

三是选择保证金式的城市合伙人，即在成为城市合伙人之前需要支付一笔保证金，再通过整合各种资源与你一同创业。

在所有合伙人的级别中，最高级别的合伙人是战略合伙人。他们是企业文化的奠定者与坚守者，也是企业独特基因的发明者与传递者。这类合伙人要与你有着共同的价值观，对企业的未来发展方向有一致的愿景。

**案例实操**

秦总是某在线培训平台的创始人，在创业之初就采用合伙人模式运营。

第一步，招募学员成为课程合伙人。

比如，学员缴纳一年的课程费 2 万元，在成为课程合伙人之后，既可以完成一年的课程，又将得到 10% 的合伙人佣金。

第二步，招募讲师成为课程合伙人。

招募讲师不需要支付任何费用，采用“无底薪 + 佣金”的模式，按照为公司创造的效益获得佣金。

第三步，公开招募有资本、资源、能力和渠道的合伙人，助力平台发展。

通过招募不同类型的合伙人，秦总不仅降低了 60% 的获客成本，并且提升了 3 倍的课程销量，在竞争激烈的行业中赢得了一席之地。

# 48. 入门锁定模式

**入门锁定模式即舍不得给出小便宜，就占不到大便宜。入门锁定模式的核心是“会员”二字，本质不仅是给物质实惠，更要满足精神需求，让会员消费愉悦、主动，乐于推荐他人、积极参与活动。**

### ➤ 模式拆解

入门锁定模式也叫“会员卡模式”，是一种商业策略或营销手段，旨在通过特定的机制或策略吸引并留住新客户或老用户。这种模式在多个行业和领域都有应用，如科技、娱乐、金融服务等。

会员卡模式是未来的发展趋势，企业要想增强用户、客户的黏度和忠诚度，会员卡模式是非常好的选择。此外，会员卡模式还能提升商家的变现能力。

表48–1 入门锁定模式（会员卡模式）

| | | | |
|---|---|---|---|
| 定义与目的 | 定义 | 会员卡模式是指企业向消费者发行具有特定功能和权益的会员卡，消费者凭卡可以享受企业提供的优惠、服务或特权 | |
| | 目的 | 增加客户忠诚度 | 通过提供会员专属优惠和服务，增加消费者对品牌的依赖和忠诚度 |
| | | 促进消费增长 | 会员卡优惠和积分奖励机制可以激发消费者的购买欲望，促进销售增长 |
| | | 收集消费者数据 | 会员卡记录消费者的消费行为和偏好，为企业提供宝贵的市场数据。有助于精准营销和个性化服务 |

续表

| | | | |
|---|---|---|---|
| 会员卡类型与功能 | 类型 | 付费会员卡 | 消费者需要支付一定费用才能获得会员卡，通常享有更多的优惠和特权 |
| | | 免费会员卡 | 消费者无须支付费用即可获得会员卡，但可能享有的优惠和特权相对较少 |
| | | 储值会员卡 | 消费者可以在会员卡上预先充值，消费时直接从卡中扣款。方便快捷 |
| | 功能 | 积分累积与兑换 | 消费者通过消费累积积分，积分可用于兑换商品或享受更多优惠 |
| | | 会员特权 | 如免费升级、优先服务、专属活动等，提升会员的消费体验 |
| | | 会员信息管理 | 记录会员的个人信息、消费记录等。便于企业进行数据分析 |
| | 实施策略 | 设计吸引人的会员特权 | 根据目标消费群体的需求和偏好，设计具有吸引力的会员特权。提高会员的满意度和忠诚度 |
| | | 积分奖励机制 | 制定合理的积分累积和兑换规则，确保积分的公平性和吸引力。同时避免积分滥用 |
| | | 会员沟通与互动 | 定期向会员发送优惠信息、活动通知等，加强与会员的沟通与互动，提高会员的活跃度和参与度 |
| | | 会员数据分析 | 利用会员卡收集的数据进行消费者行为分析，了解会员的消费需求和偏好，为精准营销和个性化服务提供依据 |
| 挑战与应对 | 挑战 | 会员活跃度不足 | 部分会员可能因缺乏足够的激励而减少消费，导致会员卡模式的效果不佳 |
| | | 积分管理难度 | 积分累积和兑换规则的制定和执行需要精细化管理，避免积分滥用和贬值 |
| | | 数据安全问题 | 会员卡模式涉及大量消费者数据的收集和管理，需要确保数据的安全性和隐私保护 |
| 挑战与应对 | 应对 | 增加会员激励 | 通过增加会员特权、举办会员活动等方式，提高会员的活跃度和参与度 |
| | | 优化积分管理 | 加强积分规则的制定和执行，确保积分的公平性和吸引力，定期调整积分兑换比例，保持积分价值 |
| | | 加强数据安全保护 | 建立完善的数据安全管理制度和技术防护措施，确保消费者数据的安全性和隐私保护 |

通过表 48-1，我们可以看到会员卡模式的内容及流程，不过，如果商家只是办理一般意义上的会员卡，就只能提升用户的消费黏性，增加盈利，与

我们期待的效果还有差异。那么，如何才能让会员卡模式成为具有复利模式特征的赚钱工具呢？关键在于模式落地的策略与方法。

### ➤模式落地

入门锁定模式能够帮助企业获得更多黏性更高的用户，获得巨大的“流量”，从而为变现创造更多机会。让获得的“流量”变为“留量”，要靠一张张会员卡实现。

模式落地策略一，让用户办理会员卡时，要给用户“占了大便宜”的感觉。记住，比起便宜的产品，用户更喜欢占便宜的感觉。

模式落地策略二，消费免费充卡法，让用户觉得自己没花一分钱就能享受到所有服务。

对于用户而言，充值500元的会员卡，不仅能获得等额消费券，还能获得免单和折扣的机会，简直太划算了。

不过，商家要引导顾客在充值之前把握好毛利润的比例。例如，如果商家的毛利润是20%，那么顾客充值的数额要按照1：5的比例计算，即用户消费100元，要推荐他办理500元的会员卡。

模式落地策略三，红花绿叶充卡法。

我的老学员都知道“红花绿叶充卡法”，实际上就是在推荐用户办理会员卡的时候，把你想要推荐的会员卡和其他类别的会员卡作出明显区分。例如，你很难在100朵红色玫瑰花中选出最爱的玫瑰花，却很容易在99朵杜鹃花和1朵玫瑰花之中选出玫瑰花。

**案例实操**

来自北京的李总经营着一家大型生活超市，主要目标人群是号称亚洲最大居民社区的天通苑社区居民。虽然有巨大的人口优势，李总的超市会员只有400多人，但是超市社群有7个，有2400多人。

李总主要依靠赚取商品差价盈利，我建议他通过会员卡模式进行调整，具体方案如下：

第一步，引导客户办理199元的会员卡；

第二步，会员享受所有产品八五折优惠；

第三步，送给会员价值199元的水果卡，可以与会员卡优惠同时使用；

第四步，老会员推荐新人并成功办理5张会员卡，将会全额返还给他199

元会费；

第五步，老会员推广 5 张会员卡后，每张会员卡消费积分的 20% 都记在老会员的卡上，可以用积分兑换任何商品。

活动开始仅一个月，会员卡模式就带来了成倍裂变的效果，社群的人数涨到一万多人，办理会员卡的人数破千。从此，李总不再只是依靠产品赚钱，也开始依靠源源不断的会员费赚钱。

# 49. “剃刀 + 刀片”模式

**一次消费，终身锁定。吉列颠覆剃须刀市场，推出分体式剃须刀，实现刀架与刀片分离销售，降低消费者成本，建立长期消费关系。其成功运用“锁定耗材法”，通过低价销售设备、高价销售耗材实现长期盈利。**

## ➤ 模式拆解

“剃刀 + 刀片”模式就是商品强绑定模式。注意，一定是商品“强”绑定。

这个模式的核心在于将两种或多种商品或服务紧密地联系在一起，迫使消费者不得不在购买或得到其中一个商品之后，必须购买另外一款商品，以创造额外的价值或满足消费者的特定需求。

关于商品强绑定模式，我们来看思维导图，见图 49–1 所示。

通过图 49–1，大家了解了该模式的优势和相对应的策略。该模式的核心逻辑是从低价引流到锁定消费再到长期盈利，属于典型的“前端让利，后端盈利”模式。在数字化时代，该模式还可以与订阅制、数据服务结合，持续焕发新的生命力。

## ➤ 模式落地

商品强绑定模式的落地方法涉及多个方面，包括产品设计、营销策略、客户关系管理和合作伙伴关系等。我们用表格的模式来展示具体的落地方法，见表 49–1。

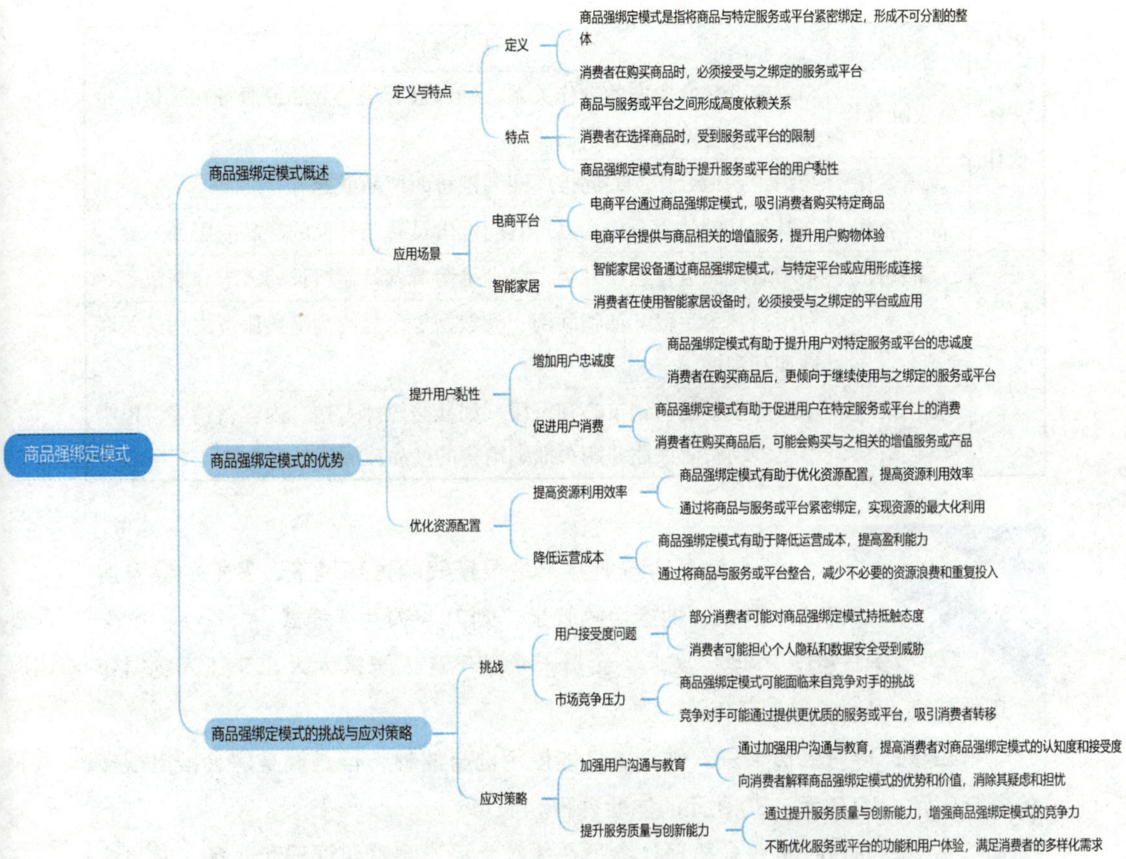


图 49-1　“剃刀 + 刀片”模式即商品强绑定模式的思维导图

**表49-1　商品强绑定模式的落地方法**

| 步骤 | 特征 | 具体内容 |
|---|---|---|
| 产品设计 | 互补性设计 | 设计产品时，确保被绑定的商品或服务之间具有互补性 |
| | 集成式设计 | 通过技术手段将不同商品或服务集成在一起，形成一体化的解决方案 |
| | 定制化服务 | 提供定制化服务，根据消费者的需求将不同商品或服务进行组合 |
| 营销策略 | 捆绑销售 | 将两种或多种商品或服务打包销售，以低于单独购买的价格吸引消费者 |
| | 促销活动 | 利用促销活动推动捆绑销售 |
| | 品牌联动 | 与知名品牌合作，共同推出捆绑销售的产品或服务 |
| 客户关系管理 | 个性化推荐 | 利用数据分析技术，根据消费者的购买历史和偏好，提供个性化的商品或服务推荐 |
| | 会员制度 | 建立会员制度，为会员提供专属的优惠和特权 |
| | 客户服务 | 提供优质的客户服务，包括售前咨询、售后服务等 |

续表

| 步骤 | 特征 | 具体内容 |
| --- | --- | --- |
| 合作伙伴关系 | 供应链合作 | 与供应商建立紧密的合作关系，确保被绑定的商品或服务在质量、价格、供应等方面满足市场需求 |
| | 渠道合作 | 与销售渠道合作，共同推广捆绑销售的产品或服务 |
| | 品牌合作 | 与其他品牌建立合作关系，共同推出具有互补性的产品或服务 |
| 持续创新 | 产品迭代 | 不断对产品进行迭代升级，以满足消费者日益增长的需求和期望 |
| | 技术创新 | 利用新技术手段，如物联网、大数据等，提高商品或服务之间的关联性和互动性 |
| | 营销策略创新 | 不断探索新的营销策略和手段，如社交媒体营销、内容营销等，以吸引更多消费者关注并购买捆绑销售的产品或服务 |

**案例实操**

在健身房行业并不是很景气的大环境下，罗旭的健身房却开启了连锁，他运用的就是“剃刀 + 刀片”模式。

第一步，办理会员卡，会员卡金额不让人觉得太大，又让人觉得不用会浪费，比如 199 元；

第二步，持有会员卡进入健身房只能使用健身器材，但是健身房会推出很多价值 9.9 元、19.9 元、39.9 元的体验课程和服务；

第三步，通过注重服务质量让会员在体验之后愿意购买课程和服务，并且会员购买具有相对的优惠；

第四步，健身房也会出售印有健身房 LOGO 的健身器材、健身服饰等。并且报课的会员购买时会享有折上折优惠，如会员购买一身瑜伽服享八折优惠，报了瑜伽课的会员购买则能够享受五折优惠。

所以，消费者购买会员卡后，为了保持健康和健身效果，会倾向于继续在健身房消费。而且对于价格不到一顿饭的体验课也都很感兴趣，基本上，80% 的会员在体验之后都会报名相应课程，从而实现了确保会员持续购买产品和服务的效果。

# 50. 渠道盈利模式

**在产能过剩的大背景下，谁能够给终端引流带客，谁就是老大！这就是“渠道为王”，这就是当下时代的最大红利！当你掌握渠道、抢占渠道、发现新渠道时，你会发现自己已经“跑”在行业前列。**

## ➤ 模式拆解

渠道盈利模式通常意义上是指企业将产品或服务传递给最终消费者所采用的分销路径和方式，它是商业策略中连接生产与消费的核心环节。无论哪个行业，都需要渠道链接。比如，开超市的老板要有进货渠道，开工厂的老板要有销货渠道。

对于商家来说，要么需要货源渠道，要么需要销售渠道，要么全都需要。所以，渠道盈利模式是企业发展、实现盈利的一种重要的方式。

那么，如何通过优化渠道结构、提高渠道效率、降低渠道成本和创新渠道策略助力企业发展呢？关键在于渠道盈利模式落地的方法，见表50–1。

表50–1　渠道盈利模式的落地方法

| | 模式 | 特征 | 具体内容 |
|---|---|---|---|
| 渠道盈利模式 | 直销模式 | 形式 | 企业直接触达消费者（如官网、自营门店） |
| | | 优势 | 高利润、强品牌控制，直接获取用户数据 |
| | | 挑战 | 初期投入大，需自建团队和物流 |
| | | 案例 | 特斯拉绕过4S店直营销售；DTC品牌 |
| | 分销模式 | 多级分销 | 生产商→代理商→经销商→零售商→消费者 |
| | | 区域独家代理 | 授权特定区域代理商全权运营（如进口汽车品牌） |
| | | 优势 | 快速覆盖市场，降低渠道管理成本 |
| | | 风险 | 利润分层，可能引发窜货或价格战 |
| 渠道盈利模式 | 混合渠道 | 线上线下结合 | 如“线上下单+线下提货”（O2O模式） |
| | | 新零售 | 盒马鲜生通过数据驱动整合门店与线上配送 |
| | | 适用场景 | 全渠道用户需求，提升服务体验 |
| | 平台型渠道 | 第三方电商 | 依赖天猫、亚马逊等平台触达用户 |
| | | 社交电商 | 通过抖音、小红书等内容平台实现闭环 |

## 模式落地

想要知道如何选择合适的渠道盈利模式，首先要知道渠道盈利模式的落地方法有哪些，再结合产品特性、目标市场、资源能力等因素，选择适合企业发展的渠道盈利模式。我们先用表格呈现渠道盈利模式中的直销模式、分销模式、混合渠道及平台型渠道的不同形式、优势，再来看看概念的思维导图，见图 50-1 所示。

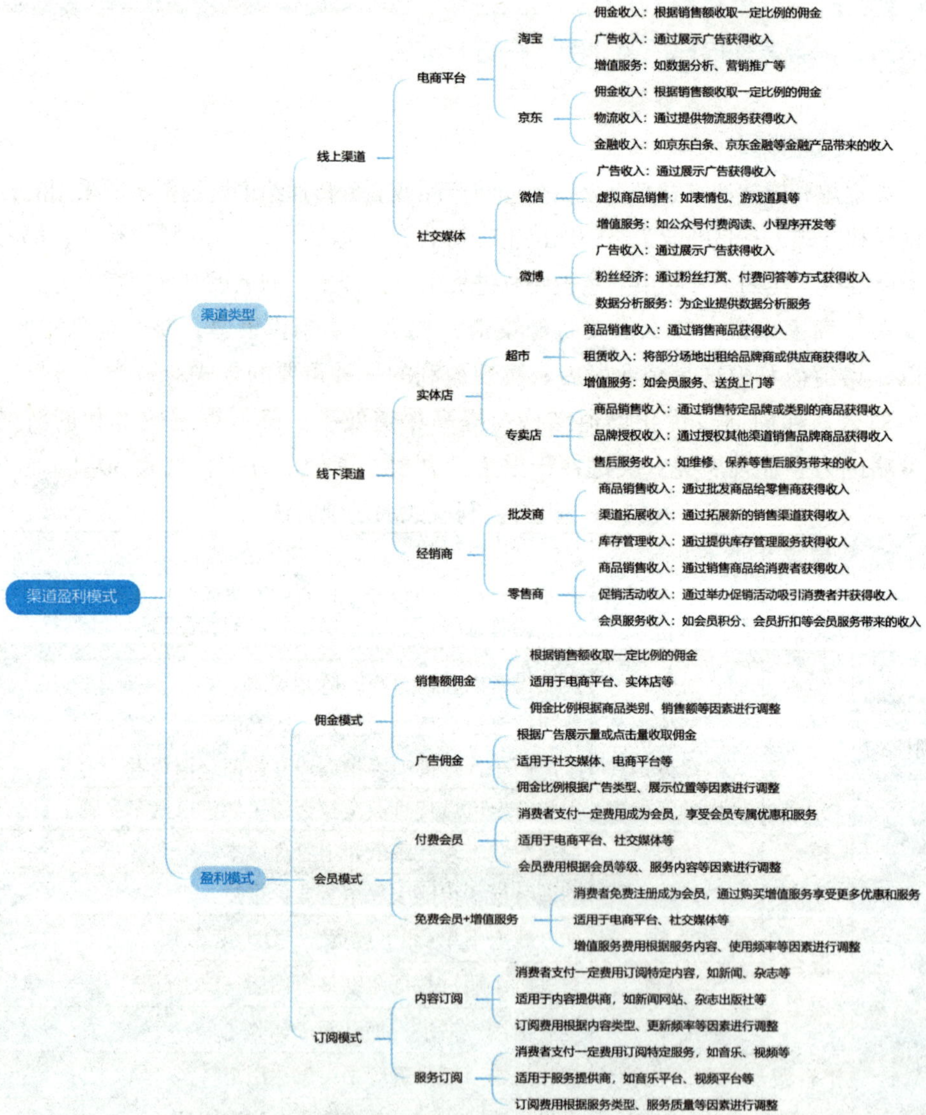


图 50-1　渠道盈利模式思维导图

在了解渠道盈利模式的前提下，可以通过优化渠道结构、提高渠道效率、降低渠道成本、创新渠道策略等方式实现渠道盈利。注意，渠道是永恒的，不会被淘汰。尤其是在移动互联网时代，我们不仅要重视传统渠道的建设，而且要发挥渠道思维，积极开发各种新渠道。

**案例实操**

李总来自湖南，经营着一家专门生产特色小零食的工厂。他的工厂销售渠道单一，只依靠线下销售渠道：一是经销商渠道；二是进入大型商超。

但是，经销商乱打价格战，大型商超的门槛和收费越来越高。这使李总陷入了经营困境。经过系统学习，他带着新思路决定对工厂销售渠道进行改革。

第一步，继续保留传统经销商，但对产品实行统一定价，确保价格系统的透明性，减少经销商之间的价格战。

第二步，全面拓宽线上销售渠道，包括在各大电商平台设置店铺，利用直播平台卖货，成功吸引了全国范围的消费者。

第三步，注重粉丝的培养，将建立的粉丝社群作为新的销售渠道，举办优惠活动，进行互动，提升粉丝黏性，并实现粉丝快速裂变增长。

第四步，在繁华地段开品牌直营店，通过“线上下单，线下提货”的模式，为直营店引流，进一步增强了品牌的市场竞争力。

# 51. 品牌矩阵模式

**团结就是力量，当你的品牌有了可以团结的力量，就已经战胜那些孤零零的品牌。品牌矩阵的优势在于能够覆盖更广泛的消费者群体，满足多样化的消费需求，降低市场风险，提升品牌的整体竞争力。**

## ➤ 模式拆解

品牌矩阵模式通常是指一种品牌战略框架，它涉及在一个组织或企业内管理和协调多个品牌，或是多个渠道，以最大化市场覆盖，满足多样化的消费者需求，并增强整体的品牌价值和市场竞争力。

品牌矩阵就像杂货铺，当消费者走进杂货铺时，想买什么就有什么，不用去别家杂货铺。当然，杂货铺也将赚到更多的钱。

我们先来看看品牌矩阵模式的思维导图，见图 51–1 所示。

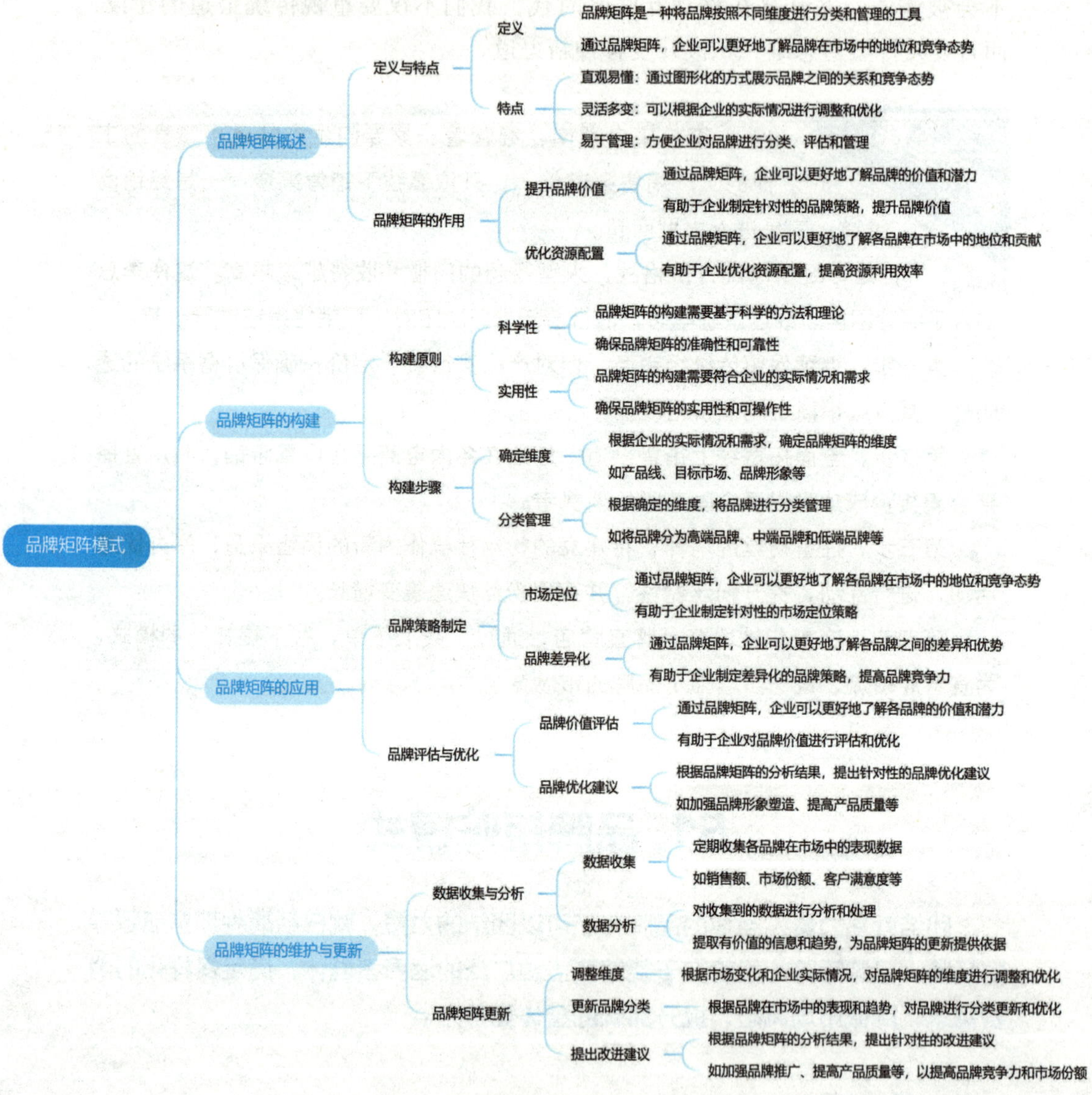


图 51–1　品牌矩阵模式的思维导图

思维导图清晰地呈现了品牌矩阵模式的构建、应用与维护更新的内容，由此可见，品牌矩阵模式的核心在于“差异化布局、协同化运营”。企业需根据自身资源与市场定位，选择声量型、销售型或功能细分型矩阵，并通过数据驱动与持续优化实现长期增长。

### ➤模式落地

品牌矩阵指的是以品牌为中心的产品团队化，或者是以品牌为中心的产品运营团队化。虽然是团队化，却有不同的布局。

首先，我们要了解“金字塔”结构的品牌矩阵。

“金字塔”是品牌矩阵中常见的模式。比如，大众集团的品牌矩阵是奥迪（豪华）、大众（中端）、斯柯达（经济）；雅诗兰黛集团的品牌矩阵是 La Mer（顶级护肤）、雅诗兰黛（中高端）、悦木之源（天然平价）。这一矩阵模式能够覆盖全市场，降低单一品牌风险。

其次，“狙击式”布局。所谓“狙击式”布局，对准的是竞争对手的核心市场产品。每个品牌都有舒适区，如农夫山泉的舒适区是纯净水。但是，农夫山泉推出了东方树叶对抗统一品牌的茶里王。这充分体现了灵活应对竞争的优势，能够直接狙击对手的核心品牌产品，进而瓜分同款产品的市场占有率。

再次，品牌矩阵模式拥有孵化新品牌试错。想要建立品牌矩阵，必须面对新品牌试错的过程，因此孵化新品牌试错是打造、构建品牌矩阵的重要方法之一。

最后，企业还可以在多个平台开设多个账号，构建运营品牌矩阵。比如，汇聚主品牌号、人设号、门店号形成集群，共同服务品牌战略。

品牌矩阵既是多个账号的组合，也能通过差异化定位、资源整合和精准运营，满足不同细分市场的需求，同时强化整体品牌形象。

**案例实操**

张琴进入健康食品这一领域，是觉得营养粉市场前景大。不过，在她投入大量人力物力财力宣传、销售公司营养粉品牌之后，才发现自己是一顿操作猛如虎，结果公司不赚还亏钱。

她在听了我的课程之后又专程来找我，就是想知道她的公司还有没有救。

当时，我给她的建议是利用品牌矩阵模式，构建多品牌、多平台的运营方式，丰富产品类型，打造线上线下销售平台。

第一步，将产品单一的品牌细化，有针对追求高品质生活的中高端消费者的营养粉；有针对正在长身体的青少年消费群体的营养粉；有满足面临骨质疏松等问题的中老年人消费者的营养粉。

第二步，打造多个账号，在微信、微博、抖音等主流社交媒体平台上开设主品牌账号，发布官方信息、产品动态和品牌故事。

第三步，根据企业的业务布局，开设地域性社交媒体账号，增强品牌在当地的影响力。

通过打造品牌矩阵，张琴的公司能够更精准地满足不同消费者群体的需求，提升品牌形象和市场竞争力。同时，通过内部协同和资源整合，实现整体效益的最大化。

# 52. 高颜值场景模式

**颜值很重要。虽然漂亮不是唯一的成功途径，但丑的确可以毁掉很多的路。谁都不会拒绝让自己赏心悦目的商品，毕竟爱美之心人皆有之，越好看就越好卖。**

## ➤ 模式拆解

高颜值场景模式的概念就如字面意思，“高颜值”指的是好看。这类模式是通过美学设计、多感官体验和技术融合，构建具有强烈视觉吸引力和情感共鸣的消费或使用场景的策略。

当《舌尖上的中国》第一季播出之后，纪录片里的锅碗瓢勺差点儿卖得断货了。

高颜值场景模式强调通过视觉美学（如色彩、灯光、空间设计）、多感官联动（听觉、触觉、嗅觉）及技术赋能（AR/VR、投影交互）打造沉浸式体验空间，使用户在特定场景中产生情感共鸣与消费欲望。其核心是通过沉浸式环境提升用户参与度，提高品牌价值和消费转化率。

## ➤ 模式落地

我们先看看高颜值场景模式的应用领域，见表 52-1。

表52-1　高颜值场景模式的应用领域

| 应用领域 | 代表 | 模式 | 应用 |
|---|---|---|---|
| 线下零售 | 快闪店 | 短期高密度美学场景 | 如LV × 草间弥生联名快闪店 |
| | 主题店 | 结合IP或文化主题 | 如星巴克“非遗文化”门店 |
| 线上内容 | 电商视觉 | 商品详情页场景化拍摄 | 如蕉内用生活化场景展示内衣舒适性 |
| | 短视频/直播 | 背景布置、滤镜使用 | 如东方甄选直播间用黑板板书营造课堂氛围 |
| 文旅与餐饮 | 目的地营造 | 景区通过光影秀、艺术装置吸引游客 | 如TeamLab数字艺术展 |

续表

| 应用领域 | 代表 | 模式 | 应用 |
|---|---|---|---|
| 文旅与餐饮 | 餐饮空间 | 从菜品摆盘到店面设计全链路美学 | 如蓝瓶咖啡的日式侘寂风 |

接下来，具体说说高颜值场景模式的落地方法。

首先，对于商家来说，需要明确场景的定位。

商家要打造高颜值场景，先要明确场景的定位。举个例子，你的产品是毛绒玩具，场景布局需要融合粉色、卡通、浪漫等元素，这样才能吸引包括小女孩、少女、有着童心的女人等在内的目标人群，并激发她们购买的欲望。

其次，高颜值场景模式不仅要造成视觉冲击，还要进行内容化场景设计。

依然以毛绒玩具为例。当高颜值场景吸引了目标人群进入，穿着玩偶服装的员工马上与她们互动，提升她们对玩偶的兴趣，增进她们与玩偶的感情。

最后，通过技术赋能，让消费者进行沉浸式升级体验。

比如，在场景中设置 VR，带领目标人群进入所售玩偶的虚拟世界中，与玩偶一起玩耍或者闯关。这种场景属于沉浸式体验，当孩子在虚拟世界成为某个玩偶的好朋友，就会希望在现实世界拥有这位好朋友。总之，科技体验能促使消费欲望变现。

**案例实操**

王鑫经营着一家生产家居产品的工厂，主要产品是各类抱枕。因为工厂规模很小，又因为行业竞争激烈，所以备受“压迫”，很难依靠打价格战占据市场。

如何在家居产品的红海市场“杀”出一席之地？王鑫采纳了我的建议，进行大刀阔斧的改革。

第一步，把抱枕图案改成原创插画，唯美、治愈或者搞笑，吸引年轻消费者。

第二步，设计生产与年轻人的生活场景结合，如推出“成功上岸”抱枕、“给你个抱抱”抱枕。

第三步，在品牌专卖店、品牌直营店，利用高颜值场景模式，打造温馨、舒适、治愈的场景，吸引目标受众群。不管是线上店铺还是线下直营店，所有抱枕都按场景分类，对消费者造成视觉冲击。

通过这次改革，王鑫工厂的线上店只一个月就涨粉 50 万，线下店更是吸引了大批年轻人，以口碑相传的方式实现裂变，月流水达到 150 万。

高颜值场景模式的核心是“美学价值 + 情感共鸣”，你掌握到精髓了吗？

# 53. 特许加盟模式

**创业者应该思考的是，如何在快速扩大市场份额的同时，极大程度降低创业风险。特许加盟是特许人与受许人之间的一种契约关系。根据契约，特许人向受许人提供一种独特的商业经营特许权。**

### ➤模式拆解

特许加盟模式也叫特许经营模式，是指特许方，即品牌所有者，通过某种形式将品牌、产品、服务等经营资源授权给加盟商，并且允许加盟商在一定范围内开展经营的一种模式。

这类模式很常见，我们看到的很多连锁店都是加盟店。一个品牌能迅速扩张的原因之一，就是运用特许加盟模式。

为什么很多人选择做品牌加盟商?

首先，加盟商能够利用特许方的品牌知名度和市场影响力快速吸引顾客，并建立信任，降低创业风险；其次，加盟商能够直接获取特许方品牌的产品、服务等，还可以直接照抄特许方成熟的经营模式，提高了创业成功率。

### ➤模式落地

接下来，我们以茶饮系列为例讲述该模式的落地方法。

我们先看看特许加盟模式的加盟类型，见表53–1。

表53–1　特许加盟模式的加盟类型

| 加盟模式 | 特许类型 | 特点 | 具体内容 |
|---|---|---|---|
| 单店加盟 | 单体特许 | 形式 | 加盟商独立运营单店，直接向总部支付加盟费与特许权使用费 |
| | | 加盟模式 | 标准化程度高、易于复制的业态（如奶茶店、便利店） |
| | | 案例 | 蜜雪冰城（单店加盟占比超90%）、瑞幸咖啡（早期以联营为主） |
| 区域代理 | 区域特许 | 形式 | 加盟商获得区域独家代理权，负责该区域内招商与运营管理 |
| | | 优势 | 加速区域渗透，降低总部管理成本 |
| | | 风险 | 若代理商业绩不佳，可能拖累整体市场拓展 |
| | | 案例 | 华莱士通过区域代理模式快速下沉至三四线城市 |

续表

| 加盟模式 | 特许类型 | 特点 | 具体内容 |
|---|---|---|---|
| 委托加盟 | 管理式特许 | 形式 | 总部主导选址、装修、招聘，加盟商出资并参与分红，运营由总部托管 |
| | | 适用场景 | 高标准化且需加强管控的行业（如酒店、教育机构） |
| | | 案例 | 亚朵酒店部分门店采用委托加盟模式 |
| 复合特许 | 混合模式 | 形式 | 直营＋加盟并行，直营店树立标杆，加盟店快速扩张 |
| | | 案例 | 星巴克在中国以直营为主，部分市场开放加盟；名创优品直营与加盟结合 |

为了让大家更清晰地了解特许加盟模式，我们来看看思维导图，见图 53–1 所示。

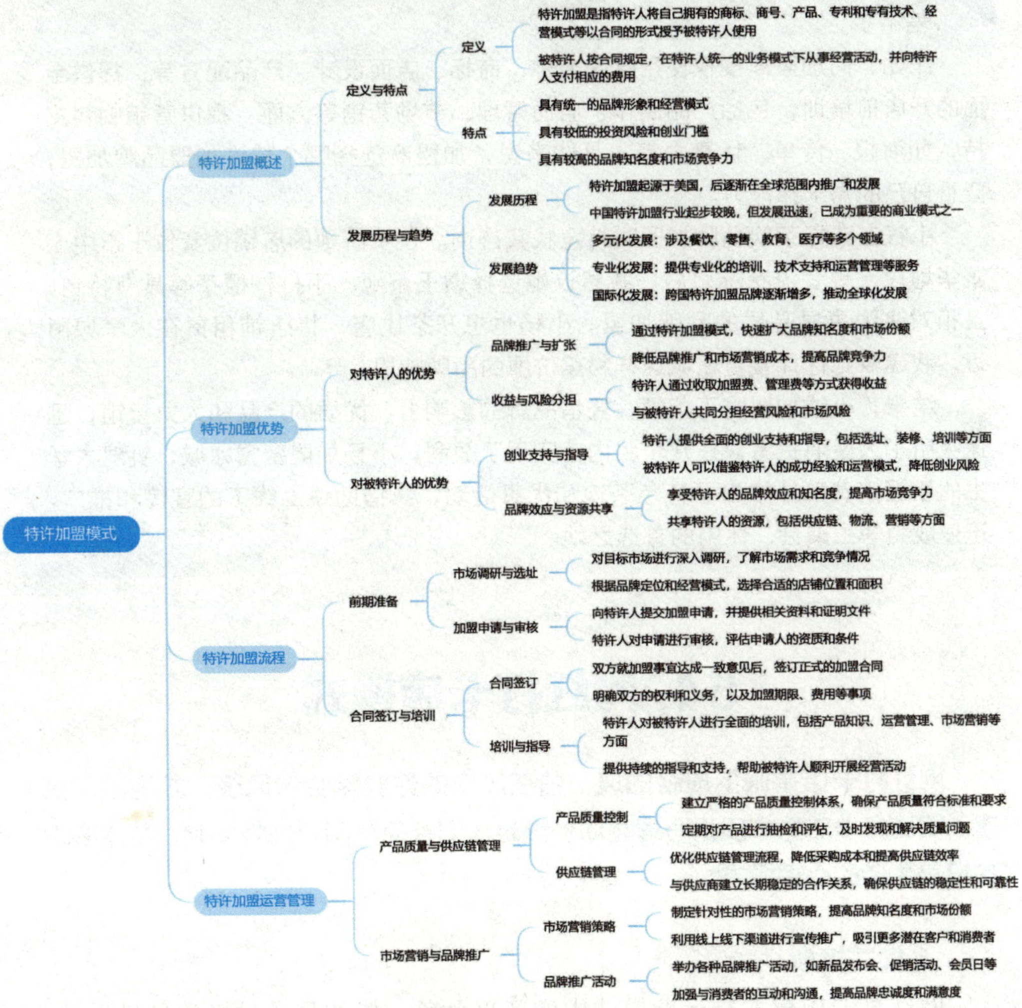


图 53–1　特许加盟模式思维导图

可见，特许加盟的类型不同，所表现的形式、使用场景也不同。总的来说，加盟条件通常包括年龄、资金、经验、品牌认同等。流程部分可能需要包括从咨询到开业的各个阶段。

以茶饮系列为例，茶饮特许加盟模式的核心在于品牌赋能与标准化复制，但需警惕市场饱和与同质化风险。加盟商应结合自身资金实力与区域消费特点，选择具备差异化竞争力、供应链稳定且支持体系完善的品牌。

**案例实操**

茶饮系列加盟近几年比较火，如喜茶、奈雪的茶、霸王茶姬和蜜雪冰城等都采取了这种特许加盟模式。

在一般的特许加盟模式中，特许方除了加盟费不同，很多方面都差不多。

比如，向加盟商授权使用品牌名称、商标、店面设计、产品配方等；提供全面的开店前培训，包括产品制作、店面管理、市场营销等方面；提供营销物料支持，如海报、传单、优惠券等。具体来说，加盟商选择哪个特许加盟品牌加盟，要看自己的需求和能力。

小钱在选择茶饮品牌加盟时特意找我咨询。在了解她的店铺位置位于市中心繁华地段、现金流状况之后，我建议她选择霸王茶姬、手打柠檬茶等具有特色，且相对来说更显品质的品牌加盟。小杨也想开茶饮店，将店铺租赁在大学城附近，我建议她选择蜜雪冰城这样物美价廉的品牌加盟。

结果，小钱加盟霸王茶姬，凭借品牌的影响力、优质的产品和大力营销，迅速吸引了大量消费者，在几个月内就实现了盈利。小杨加盟蜜雪冰城，针对大学生的年轻消费群体推出了特色茶饮和优惠活动，又借助线上线下的宣传和推广，迅速成为学生聚会、休闲的首选之地。

## 54. 网红打卡店模式

**网红打卡店是眼下最劲的风，站在风口的你要学会做风筝，才能随风高飞。网红打卡店的本质是心理驱动，满足人们社交认同、独特体验、从众心理和记录生活的心理需求。**

### ➤ 模式拆解

网红打卡店模式是运营模式中的新兴角色，指的是通过极致场景设计、社交媒体传播与用户互动体验，快速吸引流量，并形成裂变效应的商业策略。该模式借助用户自发传播实现低成本获客，常见于餐饮、零售、文旅等领域。

2024 年 10 月底，理发师晓华因其精湛的技艺和真诚的服务态度在网络上爆红，吸引了大量粉丝，她的理发店也成为网红打卡店，一周之内居然有超过 20 万人次光顾。截至当年 11 月 23 日，晓华理发店冷清下来，热度迅速消散了。可见，网红打卡店模式的逻辑核心是“颜值驱动 + 社交裂变 + 短期爆发”。

我们看看网红打卡店模式的思维导图，见图 54–1 所示。

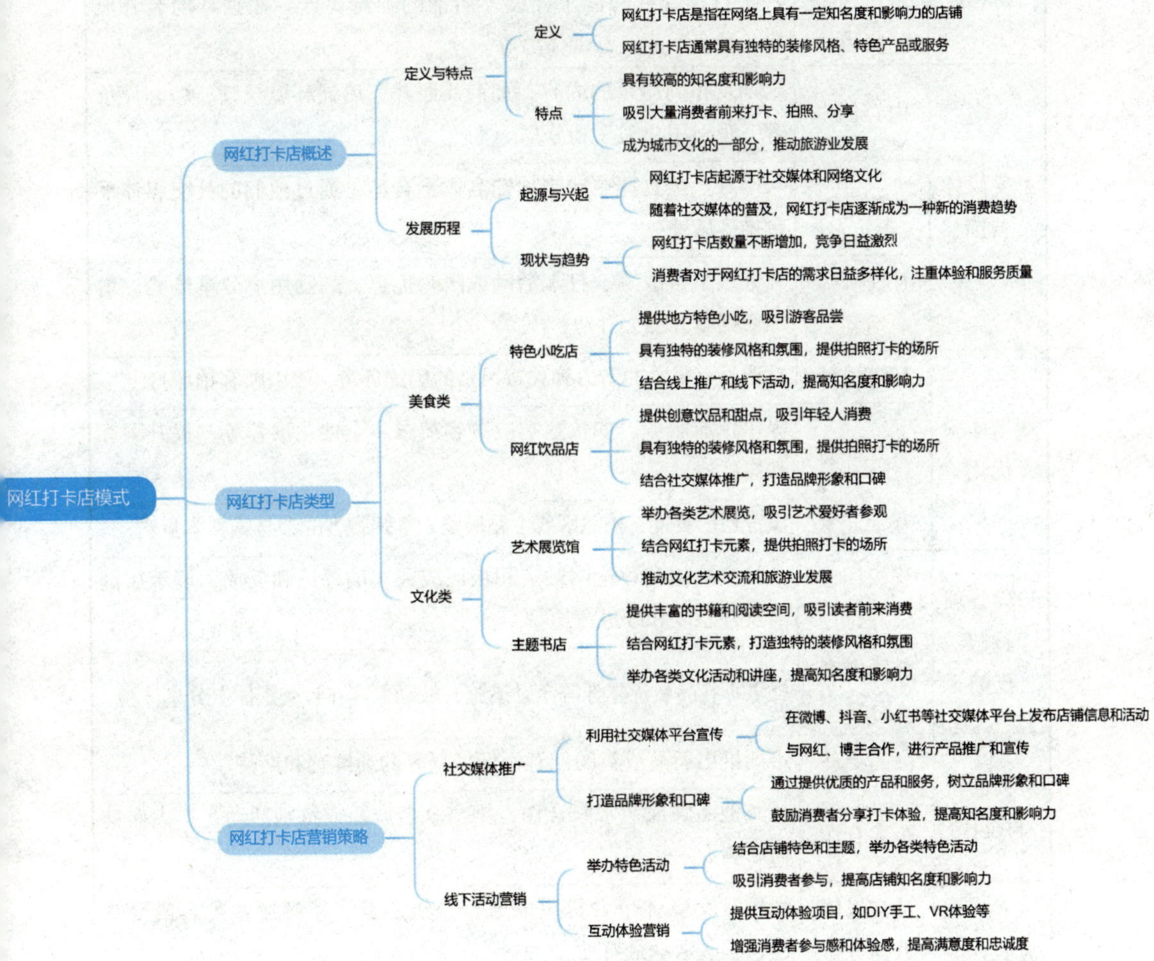


图 54–1　网红打卡店模式思维导图

## ➤ 模式落地

网红打卡店模式是一种利用社交媒体和网络影响力吸引顾客，打造独特体验，从而提升店铺知名度和销量的商业模式。除了要求场景独特，还要通过社交媒体传播扩大店铺影响力，最终实现体验式消费，提高消费转化率，见表54–1。

表54–1　网红打卡店模式落地的关键方法

| 步骤 | 关键点 | 具体方法 |
|---|---|---|
| 定位与差异化 | 明确目标受众 | 确定店铺的目标顾客群体，了解他们的兴趣、消费习惯和社交媒体使用偏好 |
| | 打造独特卖点 | 基于目标受众的需求，设计店铺的独特卖点，如独特的装修风格、特色产品、互动体验等 |
| 社交媒体营销 | 内容创作 | 定期发布高质量的内容，如商品照片、店铺环境视频、顾客评价等，吸引用户关注和分享 |
| | KOL合作 | 与网红、美食博主或当地知名人士合作，通过他们的社交媒体平台推广店铺 |
| | 社交媒体活动 | 举办线上挑战赛、打卡活动或限时优惠，鼓励用户分享体验，增加店铺曝光度 |
| 线下体验优化 | 环境设计 | 打造具有视觉冲击力和独特风格的店铺环境，吸引顾客拍照打卡 |
| | 服务体验 | 提供优质服务，如快速响应顾客需求、个性化推荐等，提升顾客满意度 |
| | 互动元素 | 设置互动装置、拍照区或主题展览，增强顾客的参与感和体验感 |
| 口碑管理与顾客反馈 | 积极回应评论 | 在社交媒体和评论网站上积极回应顾客的评论和反馈，展示店铺的友好态度和改进意愿 |
| | 鼓励顾客分享 | 提供小礼品、优惠券等激励措施，鼓励顾客在社交媒体上分享体验 |
| 持续创新与合作 | 商品更新 | 定期推出新品或新的创意，保持顾客的新鲜感和期待 |
| | 跨界合作 | 与其他品牌或艺术家合作，推出联名产品或特别活动，扩大店铺的影响力 |
| 数据分析与优化 | 社交媒体数据分析 | 利用社交媒体平台提供的数据分析工具，了解哪些内容最受欢迎，哪些活动最有效 |
| | 顾客行为分析 | 通过POS系统、会员管理系统等工具收集顾客行为数据，分析顾客偏好和消费习惯，以进行有针对性的营销和服务优化 |

通过综合运用这些方法，网红打卡店模式能够有效地吸引顾客，提高店铺知名度和销量，在竞争激烈的市场竞争中脱颖而出。

**案例实操**

在行业萧条时，陆辉创办的书屋却成为当地网红打卡点，每天都有近千人来打卡拍照。比起坐在书屋里品读，更多消费者热衷于来喝一杯咖啡，购买文创产品。此前，陆辉的书屋也经营惨淡，直到后来，他才知道网红打卡店不仅靠运气，还要靠模式。

第一步，书屋设计充满艺术感，将阅读、休闲和社交融合，为目标受众提供独特的小资阅读体验。

第二步，定期举办各类文化活动，场地免费，吸引文化爱好者参加，提升店铺知名度和影响力。

第三步，设计有趣的咖啡杯，引导入店消费者办理会员卡，上线具有特色且吸引年轻人的文创商品。

由此，陆辉的书屋起死回生。可见，网红打卡店模式的核心是“场景即内容，流量即销量”。

# 团队鏖战篇

## 创新机制，激励员工拼命干

# 55. 卓越领导力模式

**领导力不仅能激励他人，让他人变得更好，还能预见未来，将愿景传达给他人。优秀的领导者不仅能完成任务，而且具备卓越的领导力。**

## ➤ 模式拆解

领导力是领导者的核心素质，指领导者个人气质带来的号召力和影响力。在企业里，即使有好的使命愿景和战略，如果领导者缺乏领导力，那么也无法实现。

拥有领导力的领导者通常具备以下几种能力：

有愿景和目标。领导者能够明确并共享具有吸引力的愿景或者清晰的目标，激励团队成员朝着共同的方向努力。

沟通良好。领导者善于与人沟通，能够清楚地传达信息，并倾听他人的意见和反馈，继而建立起良好的工作关系，促进合作。

善于团队管理。领导者了解每个团队成员的特点和潜力，能够激励他们发挥最大的能力，同时还能有效地分配任务、管理冲突和解决问题。

决策力。领导者具备一定的专业知识和技能，能够作出明智的决策，并承担相应的责任。即使遇到复杂的情况，他们也能分析问题、权衡利弊，作出正确的判断。

影响力和榜样作用。领导者会以身作则，成为团队成员的榜样，通过自己的行为和价值观激发员工的积极性，得到员工的信任，带领员工朝着共同的目标努力。

学习和自我发展。领导者善于学习，不断提高自己的知识和技能，并及时调整自己的行为和策略。

## ➤ 模式落地

（1）明确愿景。愿景是公司领导者对自身长远发展和终极目标的规划和描述。如果缺乏理想与愿景指引，企业或团队一旦遇到危险和挑战，就会停滞不前，失去信心，更无法在复杂的情况下，从大局和长远的角度出发思考解决方案。

（2）目光长远。短视行为不仅于己无利，还可能葬送企业的前途，因此要想提高领导力，领导者必须具有长远的眼光，为企业和员工负责，坚持自己的核心价值。

（3）重视人才。领导者应当把“以人为本”视作最重要的使命之一，将60%的精力投到人才管理上，不遗余力地发掘人才。

（4）重视团队。领导者要扮演好“团队合作协调者”的角色，既关注公司发展，也为员工的个人利益着想，协调好两者之间可能发生的矛盾，让公司和员工互相成就，坚持成长。

（5）善于授权。领导者的关键能力是授权能力。要根据工作难度和员工能力适当授权，让员工自动自发地做好本职工作，完成组织目标。

（6）公平和公正。公平、公正是领导者的权威来源，要鼓励员工参与制定决策，即使企业最终没有采纳员工的建议，员工也会产生强烈的参与感和认同感，还会因为得到尊重而提升责任感。

（7）权衡大于强力。领导者要有高情商，培养“谦虚”“执着”“勇气”等品质，在不同的个性层面实现理想的均衡状态，坚持“多元化”管理。

（8）遇事理智。领导者应充分认识自己的能力，明确自己的长处和不足，在发生危机或面临挫折时，能够充分自控，并在理智、冷静的基础上作出审慎选择。

（9）待人坦诚。领导者要充分信任员工，无私坦诚，赢得同事或下属的信任。遇到争议和冲突时，领导者要将问题放到桌面上，鼓励大家积极发表意见，引导团队解决矛盾。

**案例实操**

杰克·韦尔奇是商业传奇人物，在通用电气（GE）波澜壮阔的变革历程中深刻领悟了卓越领导力与企业管理的精髓，并努力践行。

（1）勇于变革。GE是一家历史悠久、业务多元的巨头企业，韦尔奇在执掌GE期间，进行了一系列大刀阔斧的改革。他提出“要么数一数二，要么整顿、关闭或出售”的战略理念，对GE庞大的业务体系进行精简，最终带领GE在激烈的市场竞争中成功实现了业务转型升级，持续保持行业领先地位。

（2）人才至上。韦尔奇认为，GE成功的关键在于拥有一批优秀的人才，并为他们提供了广阔的发展空间和良好的激励机制。他亲自参与GE的人才选拔与培养，推行“活力曲线”评估法，将员工分为A、B、C三类，对表现优秀的A类员工给予丰厚的奖励和晋升机会，对C类员工采取淘汰措施。

（3）坦诚沟通。韦尔奇在GE内部建立了坦诚沟通的文化。他摒弃了传统大企业中烦琐的层级汇报制度，鼓励员工跨越层级，直接与上级甚至他本人沟通。这种方式打破了信息壁垒，提高了决策效率，也让员工感受到被尊重和被信任。

（4）追求卓越的执着。韦尔奇对GE的业绩有着极高的要求，以追求卓越为行事准则。他不断设定更高的目标，激励员工挑战极限，带领GE实现了营收和利润持续增长，成为全球最具价值的公司之一。

# 56. 高效团队模式

**一个人可以走得很快，但一个团队可以走得更远。团队的成功不仅取决于每个人的能力，更取决于所有成员的团结合作。**

## ➤ 模式拆解

在激烈的市场竞争中，企业要想持续发展壮大，必须拥有一支具有很强向心力、凝聚力、战斗力的团队，必须拥有一批彼此间互相鼓励、支持、学习、合作的员工。

在高效团队中，各个角色都发挥着不同的作用。

协调者确保工作目标清晰，成员均参与并承担责任。

检批者对无效益之举提出质询，带头探索改善。

实干者提醒成员要面对现实，完成手上的工作。

思考者提出新颖意见，将他人的意见进行筛选、整合与实施。

凝聚者营造和谐的工作关系，舒缓紧张气氛。

## ➤ 模式落地

（1）明确目标。

①确保目标明确具体，要明确到具体数字或结果，比如，将“提高销售额”调整为“在未来三个月内将销售额提高10%”。

②目标与公司战略保持一致。确保团队目标与公司整体战略和愿景相契

合，确保团队的努力方向与组织的发展方向相一致。

③促进全员参与。设定目标时，要鼓励团队成员积极参与讨论和决策，以此增强他们对目标的认同感。

（2）建立信任。

团队成员相互信任是高效协作的基石，领导者要营造开放、包容、透明的沟通氛围，让成员自由地表达观点和想法。

①开放沟通。鼓励团队成员之间进行诚实、透明且富有建设性的交流，创建既安全又充满鼓励的环境，使每个人都能畅所欲言。

②倾听与理解。当成员发言时，要全神贯注地倾听，并尽力理解其观点，以此表现出尊重与重视他们的意见和建议。

③尊重多样性。要尊重和包容团队成员之间存在的个体差异，包括不同的意见、背景和观点，这是建立信任的关键。

④信守承诺。领导者必须言行一致，信守承诺，若无法兑现承诺，就要坦诚地向成员说明原因，并努力寻求补救措施。

（3）分配角色和责任。

在团队管理中，为成员合理分配角色和责任，不仅有助于明确每个人的工作职责，还能显著提高团队的协同效率。

①明确角色定位。根据团队成员的特长、兴趣和经验，为他们赋予明确的角色。

②细化责任范围。为每个角色制定具体的工作责任，明确工作目标和预期成果。这些责任应与团队的整体目标保持一致，并确保每个角色都能为团队贡献其独特价值。

③建立激励机制。建立激励机制，对表现出色的成员进行奖励，激发他们的工作积极性，增强他们的成就感，从而促进整个团队的发展。

（4）加强团队的沟通。

良好的沟通是团队合作的基石。

①重视倾听。引导成员耐心聆听他人的观点和需求，不要打断或过早表达自己的意见。

②清晰表达。训练成员用简洁明了的语言准确表达想法和意见。

③非语言沟通。面部表情、肢体语言和语气等都可用来传递信息，在日常工作中要注意自己的非语言信号，确保它们与口头表达保持一致。

（5）激发创新活力。

为了鼓励团队成员主动并积极地提出新思路和解决方案，并勇于尝试与学习，可以采用以下创新激发技巧：

①营造宽容失败的文化氛围。鼓励团队成员大胆冒险、尝试新事物，并告诉他们失败是自我的一次成长，要从失败中汲取经验并坚持进步。

②激发对未知的好奇心。鼓励团队成员保持好奇心，以开放的心态面对问题，坚持主动探索和学习新知识。

③挑战传统思维模式。激励成员审视现有工作流程和方法，寻求改进与创新的途径，努力提高效率，创造更多价值。

④促进知识共享与经验交流。建立团队内部的知识和经验分享机制，激发创意，汇聚集体智慧。

（6）解决冲突。

团队冲突不可避免，要鼓励团队成员以建设性的方式表达分歧，并致力于寻求共识。当冲突出现时，要耐心倾听各方的意见和感受，理解他们的立场，务必保持冷静和理性，避免情绪失控导致矛盾升级，还要努力平衡各方的利益，减少冲突的发生。

**案例实操**

DeepSeek 这家成立不到两年的中国公司，用一支由年轻人组成的精锐团队，创造出了堪称行业奇迹的 AI 模型，让全球科技界为之震撼。

DeepSeek 的成功，不仅是技术的胜利，更是一次组织和人才观念的革新，不仅改变了 AI 行业的规则，也让世界看到了中国创新的力量。

（1）扁平化管理与协作文化。

DeepSeek 采用扁平化的管理模式，打破传统层级结构，鼓励团队成员之间的自由交流与协作。这种管理方式减少了内耗，提高了工作效率，并激发了员工的创新潜能。此外，公司禁止赛马机制，避免内部竞争导致资源浪费，而是通过无限算力支持研究人员专注于各自的研究方向。

（2）本土化与国际化结合。

尽管 DeepSeek 的核心团队多为国内顶尖高校的毕业生，但其人才策略也体现了国际化视野。例如，部分成员通过自学和研究能力进入公司，这表明 DeepSeek 重视全球范围内的优秀人才。

（3）创新与挑战传统模式。

DeepSeek 的人才观颠覆了传统企业对经验丰富的技术人员的偏好，转而信任年轻人才的能力。这种策略不仅降低了招聘成本，还为行业树立了新的标杆。

DeepSeek 的人才观以年轻、潜力、热情为核心，通过扁平化管理、技术理想主义和开放多元的团队文化，成功打造了一个高效、创新且具有国际竞争力的人才生态系统。这种独特的人才观不仅推动了公司在 AI 领域的快速发展，也为其他企业提供了宝贵的经验和启示。

## 57. 人才红利模式

**随着国民素质的不断提高，企业发展逐渐从过去只靠“员工密集”型转向依靠高素质的“人才”型，这意味着企业越来越依靠“人才红利”。**

### ➤ 模式拆解

如今，我国已经从“人口红利”过渡到“人才红利”阶段，企业领导者需要关注这个趋势，正确认知与评判人才，选贤任能，促进关键岗位人才的稳定和企业的发展。

人才红利是指，由于人才的大规模增长，企业要充分利用人才产生的超过同样数量简单劳动力投入所获得的经济收益。简言之，人才开始过剩，过去一个就业岗位可以匹配 5 个人才，现在一个就业岗位可能匹配到 8 个甚至 10 个人才。企业选择人才面的基数扩大了，每年都有上千万大学毕业生，企业要认真分析岗位需要的人才类别，建立合理、高效、稳定的人才管理机制。

### ➤ 模式落地

面对人才过剩，选取人才要坚持以下几个评判标准。

（1）价值观一致。即人才的人品、价值取向、理念等与企业的用人标准、文化吻合，因为不同的人有不同的自我定位和发展规划，所以企业应该选择价值观一致的人才。

（2）能力。主要指人才拥有的学历、知识体系和技能。企业要从人才所学专业、行业背景、从业经历、成功案例等维度进行评估，判断他们是不是企业需要的人才。同时，人才的能力要与企业该岗位的人才任职资格体系相匹配。

（3）意志。人才要有顽强的意志力，因为获得成功必须经过千锤百炼。

（4）价值。为组织创造价值，是对人才的核心评判。

**案例实操**

有家公司自成立以来业务快速发展，重组之后业绩上了新台阶。最近，公司提出新战略和相应的管理举措，合力促进战略目标的实现。但是，人员能力的瓶颈是关键挑战，同时，以该公司目前的薪酬水平，很难从市场上吸引符合需要的人才。为了在集团人才管理框架之下，做好人力资源的规划，打造人才价值链，人力资源部门特意请教我。

了解公司的详细情况后，我制订了详细的项目方案。

（1）定义人才。从人才的能力需要出发梳理序列，定义核心人员，建构包含能力素质模型的任职资格体系，并设计相应的管理办法。

（2）评价人才。根据人才标准，设计评价工具，搭建评价中心。为不同的应用场合，设计不同层级的组合方案，如中层竞聘、基层社招、基层盘点等。

（3）设计通道。搭建职业生涯发展通道，明确每个人在组织内的成长路径。结合职位体系及任职资格体系，清楚了解职位变迁时的能力关键变化。

（4）助力发展。建立发展体系及管理办法，针对不同的能力项、关键转折点和核心挑战，为各类人群设计针对性的发展方案，为个人的能力发展提供支持。

最终，形成了完整的人力资源管理价值链，为公司人力资源管理优化搭好了框架，为业务的转型和升级储备了相应的人才队伍。

## 58. 不花钱激励模式

**仅依靠加薪与晋升无法满足员工的欲望，使用一些激励方法和技巧，不仅能降低成本甚至零成本，还能反复使用，持续创新。**

### ➤ 模式拆解

激励是一种有效的领导方法，不仅直接影响员工的价值取向和工作观念，还能激发员工创造财富和献身事业的热情。但激励需要成本，很多领导者认为“有钱能使鬼推磨”，却让员工形成了“只要不谈钱，就是画大饼”的错误观念，给公司带来了很大的成本压力。其实，激励有物质激励，也有非物质激励，并非所有激励都需要花钱，不花钱照样能做好激励。

### ➤模式落地

影响员工的非经济诱因如下所述。

（1）权利。

企业中的权利主要包括晋升、荣誉、威信、权势，这些非经济诱因都会带来经济效应。赋予优秀员工这些权利，他们对待工作会更卖力。

（2）成就感。

包括个人理想的满足、工作的自豪感和胜任感、为他人服务、对组织的忠诚等。在企业里，前线人员直接面对客户，会得到客户的感谢，接收客户对产品或服务的认同。中后台部门相对稳定，比较难有成就感。因此，管理者要努力让中后台部门的人员获得成就感。比如，让技术人员跟客户面对面交流，让HR跟随业务一起拜访客户等。

（3）社会地位。

我的一个朋友曾是北京一家外企的高管，年收入税后100万元左右，后来他被一家民企用200万元的年薪挖走了。他只在民企待了一年，就舍弃了那家民企的高额薪水，回到了外企，因为外企给他提供了很多额外的福利。比如，银行的黑金用户、高尔夫球场的VIP会员、VIP医疗服务等。这些隐形福利都与社会地位有关，带给他的满足远超200万元年薪。

（4）习惯和稳定。

新工作可能收入更高，但需要适应陌生的人际关系和工作流程。对一些人来说，习惯和稳定是继续留在企业工作的原因之一。

（5）参与感。

如果有两个选择，一个是在A企业参与决策，另一个是去B企业当螺丝钉，相信多数人都会选择前者，哪怕薪水低一点。因为参与感代表着主人翁的地位，代表着被尊重和被认可。

**案例实操**

华为是如何“不花钱”激励员工的？

（1）文化激励。

华为企业文化的核心是“狼性文化”。任正非崇尚狼，认为狼具有团结互助、集体奋斗、自强不息等精神，应是企业的文化之魂。“狼性文化”使华为的员工对市场拥有敏锐的嗅觉，一旦找准目标就奋不顾身地进攻。

（2）精神激励。

①荣誉奖。华为非常注重激励员工，为此专门成立了荣誉部，负责对员工的考核与评奖。无论员工在哪一方面有所进步，都可以得到荣誉部门给予的奖励，有些员工甚至在毫不知情的情况下被荣誉部告知得到了某种奖励。

②职权激励。华为的很多员工都是高素质、高学历的人才，他们期望获得高薪，更注重实现自身价值，还想得到公司或社会的认同与尊重。因此，华为对优秀员工进行充分授权，满足了员工更高层次的需求。

（3）其他激励。

①职业生涯规划。华为为新员工提供了富有挑战性的任务，帮助他们迅速进入良好的工作状态，最大限度地激发他们的斗志与激情。例如，对于工作三年以上的员工，进行培训激励；对于工作十年以上的员工，优化工作环境与设施，提供晋升通道，保证员工的地位与自身的实力匹配。

②舒适的工作环境。华为的百草园是员工的温馨家园，有超市、休闲中心、餐厅、美发厅等。在华为，一张工卡能够解决衣食住行的全部需求。此外，华为还经常举办运动比赛等，也能激励员工。

# 59. 团队执行力模式

**领导者必须具备强大的执行力，建立威信，构建团队执行力模式，才能保证团队内部正常，畅通运作。**

### ➤ 模式拆解

团队执行力是指团队成员在实现共同目标时的能力和效率，主要涉及团队成员的合作能力、沟通能力、决策能力、执行能力及对任务和目标的理解和追求能力。团队执行力关注团队如何有效地组织、协调和推进工作，以确保高质量完成任务。

执行力就是“用合适的人，干合适的事”，即“当上级下达指令或要求后，迅速作出反应，将其贯彻或者执行下去的能力”。拥有执行力的团队能够高效地应对挑战，快速适应变化，并在压力下保持高效率。此外，执行力还可以促进团队成员之间的协作和互动，提高工作效率和质量，增强团队的凝聚力和归属感。

**➤模式落地**

（1）明确目标，明确计划。

①制定清晰目标。制定清晰目标，为团队提供明确的方向，使团队成员能够集中精力，高效行动。

②分解目标任务。把整体目标分解为具体任务，帮助团队成员更好地理解自己的职责和任务，明确工作重点，清晰地看到任务的进展、成果，增强工作的信心和动力，提高执行力。

③制订详细计划。制订详细的计划，团队成员在工作过程中就可以有章可循，避免工作混乱或延误。

（2）合理分配资源。

①人力分配。合理的人力分配，能够充分发掘团队成员的潜力，提高团队的整体执行力。

②物力支持。提供充足的物力支持，为团队创造良好的工作条件，提高团队的工作效率。

③财力保障。提供充足的财力保障，保证团队的高效运作。

（3）加强沟通协调。

①建立沟通机制。建立开放、透明、高效的沟通机制，确保团队成员之间能够及时、准确地传递信息。

②有效倾听反馈。积极倾听团队成员的意见和建议，了解他们的想法和需求，及时发现团队中存在的问题和潜在风险，采取有效的措施防患于未然。

③协调内部关系。关注团队成员之间的关系，及时解决可能出现的矛盾和冲突，营造积极、和谐的工作氛围，增强团队的凝聚力和战斗力。

（4）监督、激励、考核。

①监督工作进展。建立有效的监督机制，定期检查团队的工作进展，确保任务按计划进行。

②建立激励机制。建立一套科学合理的激励机制，对表现优秀的成员进行奖励，对表现不佳的成员施以惩罚。

③完善考核验收。建立一套完善的考核验收机制，对团队的工作成果进行客观、公正的评价。

（5）培养团队能力。

①组织培训学习。根据团队的实际需求，组织有针对性的培训学习活动，

有助于团队成员提高专业技能和综合素质。

②促进经验分享。鼓励团队成员之间分享成功经验和失败教训，以便更好地成长和进步。

③提供实践机会。为团队成员提供足够的实践机会，让他们增强自信心、责任感，在实际工作中锻炼和提高能力。

**案例实操**

万达作为国内商业地产的航母级企业，虽今非昔比，但确实引领过一个时代。

在操作任何商业项目开发时，都通过一套完整的管理体系，将“从零开始，到投入运营”这个完整的过程分解为一个个可以测量、标准明确、责任清晰、时间准确的计划节点，并以王健林亲自签发的决策文件、规划文件和项目计划模块表等方式下达执行指令予以实施，令全行业佩服至极。

在执行层面，万达团队都会在模块化计划的基础上，将关键的里程碑节点单独拿出来，组建专项工作组，利用万达知识管理系统形成的模板，将该里程碑节点涉及的所有事项分门别类、细化到极致，形成一套独立成篇的专项计划，下达给专项工作组成员，大家各自领命、相互配合，在限定的时间段内履行自己的职责和义务，按时敲钟，兑现承诺。

为解决工作过程中的协调和督办问题，专项工作组全体成员通过每天定时、定点召开全员参与的计划销项与对接协调会的方式，每天检查与督办每个工作细项的进展情况，并对可能出现的滞后事项进行研讨、分析，限期补差（往往都是滞后者哪怕不吃不喝也要与时间赛跑，在当晚或次日赶上计划设定进度），实现“日事日清、日事日毕”的管理目标。

最终，团队所有成员的既定计划都在“每天完成一点点”“每天开心一点点”“每天离目标接近一点点”的工作氛围中，在看似按部就班，实则需要拼命三郎式的极致努力中，获得“水到渠成，船到桥头自然直”的终极成果！

# 60. 降本增效模式

**提质降本增效是每个企业的必修课。降本增效并不是简单地削减成本，降本只是手段，增效才是目的。**

## ➤ 模式拆解

降本增效，就是通过降低成本、提高效率来实现企业利润的最大化。

降本增效有助于提高企业的市场竞争力。通过降低成本，企业能够在保证产品质量和服务的前提下，以更低的价格吸引消费者，扩大市场份额。

降本增效有助于提高企业的经营效益。通过降本增效，企业能够优化资源配置，提高资源利用效率，提高经营效益。

降本增效有助于推动企业可持续发展。在环境保护压力日益增大的背景下，通过降低能耗、减少排放等措施，企业能够在提高经济效益的同时，减少对环境的不良影响，实现经济和环境的协调发展。

总之，降本增效的核心内容在于，通过优化资源配置、提高生产效率、降低生产成本等方式，提高企业经营效益。

## ➤ 模式落地

降本增效涉及企业的方方面面，包括研发、采购、生产、运营、销售等多个环节。

首先，在研发阶段，可以进行产品全生命周期的降本增效思考。比如，选材和材料用量设计、加工与装配工艺选择、零部件通用化、降本设计等。

其次，在原材料或零部件采购阶段，可以通过优化采购策略、改善供应商管理、降低采购成本等措施，达到降本增效的目的。比如，企业实行集中采购、长期合作、供应商帮扶等策略，与供应商稳定合作，确保原材料的质量和供应，同时降低采购成本，与供方实现双赢。

再次，在生产阶段，关注并消除生产流程中的各种浪费。企业可以采用精益生产方法，做好质量管控、设备保全、标准作业和员工训练等，提高系统可靠性；梳理生产流程，删减流程中的多余环节，消除浪费，提高生产效率和产品质量。

最后，降本增效的策略和方法还有很多。比如：推广绿色生产技术，降低能源消耗；加强废弃物处理和回收利用，降低固废处理成本；引入自动化和智能化设备，让机器取代人，大幅度提高生产效率，降低人力成本支出等。

**案例实操**

作为家具和家居用品跨国零售企业，宜家以低廉的价格提供了种类繁多、美观实用的家居用品，全球销售额迅速增长。

宜家家居的降本增效策略如下所述。

（1）模块化设计。

宜家的产品设计采用了模块化设计，通过模块的组合、替换等操作，减少了产品开发的时间和成本，也降低了生产过程中的错误率。比如，只需使用数种不同的板材、支架、螺丝等组件，就能拼装完成一张桌子。

（2）优化供应链管理。

宜家通过优化供应链管理降低成本。比如，宜家通过层层审核和筛选，选择与成本低、品质好的供应商合作；同时，宜家通过实时的库存管理、订单管理等手段，掌控了供应链的动态情况，确保生产与销售维持平衡。

（3）运用自动化技术。

宜家使用自动化技术提高生产效率，降低生产成本。比如，宜家使用自动化仓储系统管理产品库存，实现高效出入库操作，提高了物流运作效率。

（4）管理成本支出。

宜家重视成本管理，对每项支出都进行了精细的管理和控制，包括生产成本、物流成本、人力成本、广告成本等。比如，宜家在招聘、培训员工时既有集中式培训，也有一线边工作边学习的工作方式，降低了培训成本。

（5）保持创新。

宜家致力于创新，推出新的产品、新的服务、新的销售渠道等，实现降本增效。比如，在家居产品设计中采用可持续性材料，提高产品的质量和延长使用寿命，节约成本。

# 创利密码篇

## 改变思路，利润会快速增长

# 61. 利润乘数模式

**如果企业能够通过前期的资源投入，在消费者心智中建立起强大品牌的倾向，使消费者基于强烈的品牌认同，在产生需求时选择持续购买认可品牌的产品或服务，那么就能实现持续盈利。**

## ➤ 模式拆解

所谓“利润乘数模式”，就是把一款产品延伸成不同的形态，在一款产品身上重复获得利润。这种模式适用于所有带有 IP 色彩的产品或服务，如螺蛳粉品类拥有天然的网红属性，只要某个口味的螺蛳粉火了，就能推出螺蛳粉火锅、螺蛳粉泡面、螺蛳粉薯片。围绕已经研发出来的口味进行延伸，不会大幅增加研发成本，却能获得产品利润的乘积。

利润乘数模式的优势在于，用户一旦对于品牌产生高度认可，就会对产品、服务或情感共鸣建立高度依赖，继而对企业提供的产品及服务有较高的包容性。在品牌推出新的品类时，支持者会成为第一批用户，并针对产品或服务体验与企业进行反馈型互动。

## ➤ 模式落地

（1）打造与品牌相关联的周边产品。

品牌周边产品的创造，要建立在与本品牌巧妙关联的基础之上。比如，为了强化用户对品牌的记忆，资生堂在东京银座开了一家咖啡甜品店，凭着小资、文艺情调成为日本少妇的聚集地。

（2）多方位展现品牌形象，实现间接营销。

多数品牌不会大批量生产周边产品，而主要通过周边产品融入品牌元素，使消费者在了解周边产品的同时联想到该品牌的主业产品，从而深化品牌在消费者心中的印象，实现间接营销。比如，为了给消费者带来新鲜感，喜茶和不同品牌进行跨界合作，根据消费者的喜好推出 100 多种周边产品，让更多人了解到喜茶品牌。

（3）利用社媒营销，积极推广传播。

品牌要考虑到社交媒体的传播力，被消费者熟知，才能成功推出周边。比如，肯德基曾在2016年推出两款周边产品——炸鸡味防晒霜和可食用指甲油，凭借到位的营销推广，在周边产品中关注度遥遥领先。

**案例实操**

在利润乘数模式中，迪士尼公司非常成功，从电影和动画片制作开始，逐步扩展到销售动画片和电视节目，又涉及其他相关产业，最终形成了囊括影视娱乐、媒体网络、主题公园和消费产品的巨大财富产业链。

迪士尼凭借《狮子王》《小美人鱼》《阿拉丁》《美女与野兽》这四部卡通经典音乐剧雄霸美国剧场。后来，迪士尼用舞台剧、冰上世界等形式进行商业演出，更是为公司赚得盆满钵满。

作为中国大陆首座迪士尼主题乐园，上海迪士尼乐园自开园以来，人气飙升，暑假的热度甚至超越了北京故宫。因为迪士尼为游客提供了多层次、全方位的难忘体验，使游客能够领悟到迪士尼品牌的核心内涵：对童真、梦想、快乐的美好追求。

# 62. 复利增长模式

**人生就像一场马拉松，比的不是瞬间的速度，而是持久的耐力。如果每个月都有10%的收益，那么你10万元本金多久会有1亿元？答案是六年，六年的时间10万元变成1亿元。**

### ➤ 模式拆解

经济学中的复利效应，被爱因斯坦称为世界第八大奇迹。复利最大的特点是，一件事情如果按照一定倍率增长，前期增长缓慢，变化不大，让人甚至感觉不到复利效应的存在，但随着时间的推移，在达到临界点后，就会呈现爆发式的指数倍增长。其本质是：做事情A，会导致结果B；而结果B，会反过来加强A，不断循环。

所谓复利思维，就是重复做一件事情，形成常态的思维模式。巴菲特说："人生就像滚雪球，关键是找到足够湿的雪和足够长的坡。"复利真正的核心在于时间，即使年 5% 的回报率，一百年后也是不可思议的数字。真正的智者追求财富稳步增长，致力于平衡回报率和时间。

**➤模式落地**

（1）找到自己的长处。

正所谓"尺有所短、寸有所长"，只有找准自己的长处，努力发展和提高，就能让它成为助力自身不断前进的复利。

（2）持续积累。

只有经过量变的积累，才会迎来质的飞跃。具备复利思维的人，深知通过积累和复利效应能实现人生的裂变式成长。

（3）把握好时间。

成功人士之所以能取得非凡的成就，很大程度上源于他们对时间的高效利用，堪称"时间管理大师"。

（4）第一次就把事情做对。

"第一次"代表着效率，而"第一次就把事情做对"则意味着用最小的代价换取最高的质量和最大的收获，能够大大提高效率和竞争力。

（5）养成良好的习惯。

一旦养成好习惯，就会成为下意识的行为，不需要外界的提醒和督促，也无须强大的意志力支撑，就能自然而然地持续下去。

（6）坚持复盘。

企业最大的浪费就是经验的浪费。无论是企业还是个人，都需要复盘才能发现问题和总结经验。

**案例实操**

巴菲特说："财富积累就像滚雪球，找到一个足够长的坡，然后尽早开始。虽然起初雪球很小，但是只要往下滚的时间足够长，雪足够黏，最后雪球一定大到你难以想象。"巴菲特从 14 岁开始投资，最初只有 5000 美元，30 岁时身价只有 100 万美元，后来居然拥有 584 亿美元。他一生中 99% 的财富都是在 50 岁以后，通过复利积累赚到的。

巴菲特的办公室里常年堆满书籍，他每天 80% 的清醒时间都在阅读。这种看似"低效"的行为实则是复利思维的极致体现：知识复利通过持续积累产生认知裂变，经验复利借助时间沉淀形成决策优势，能力复利通过量变引发质变重构个人价值体系。

巴菲特成功的秘诀就是拥有足够的耐心，愿意花一生的时间慢慢积累财富，最终产生复利效应。

## 63. 高价定价模式

**在市场竞争越发激烈的背景下，仅靠产品的质量和特性，已经不足以吸引消费者的眼球，必须寻找提高产品售价的有效策略。**

### ➤ 模式拆解

在生意场上，薄利多销不是唯一的促销手段，有时反其道而行之，采取“高价策略”同样行得通，关键在于顾客是否买账。

从企业角度来说，只有价格足够高，才能产生更多盈利，用以支撑或者预支营销活动。企业一开始就把价格压得很低，往往是因为他们缺乏良好的营销能力，也没有提高营销能力的意识，所以基本上没有机会建立品牌。

从消费者角度来说，高价意味着他不只购买产品，也包括产品之外的东西，即品牌的“无形价值”。比如，购买奢侈品包包的人并非因为需要“容器”才购买的，而是想向其他人传递信息——我能买得起万元的包。

### ➤ 模式落地

（1）高价策略一般适合名牌高档商品。

对高档商品，顾客购买频率低，作出购买决策相对理智。尤其是在与便宜商品的质量比较之后，在发现高档商品质量好的情况下，他们更愿意付出高价。

（2）采用高价策略，产品和服务要让顾客彻底放心。

产品、服务要与高价格相适应，尤其要重视售后服务，这样既能提高服务质量和企业形象，也有利于和顾客建立长期合作关系。

（3）不要怕高价吓跑生意。

运用高价策略，就不要希望把所有客户一网打尽，而要将销售对象定位为少部分追求高品质的人。否则，“高价策略”就可能演变成“打折策略”。除生产和经营外，在提供服务方面也可以运用“高价策略”，前提是要有独特优势。

**案例实操**

威尔逊是美国洛克斯公司的经理，他在职业生涯中遇到定价决策最难也是最成功的，当数静电复印机。

静电复印机在美国诞生时，发明家找到威尔逊的公司，要求合作经营和销售此项新产品。威尔逊很熟悉市场，知道静电复印机具有老产品无可比拟的优点。他认为，只要多数美国人了解新产品的优势，市场销售的前景就一片广阔。因此，他与董事会研究后，给静电复印机定的价格为每台 29500 美元，达到复印机成本价（2400 美元）的 10 多倍，属于超高价，一旦成功，就能获得超暴利。

遗憾的是，静电复印机上市后的四年间，市场销售一直很不理想，公司为此耗费了 7000 万美元，险些因缺乏资金周转而放弃。有人建议威尔逊先廉价出售产品，提高消费者的关注度和接受度。威尔逊拒绝了，他坚持咬牙借钱度过市场销售低潮期，不愿将一枝独秀的产品降价出售。

经过长时间宣传，包括美国在内的很多国家对静电复印机加深了了解，需求日益迫切，产品变得热门起来。威尔逊仍然坚持以此前确定的高价出售，决不降低价格，最终洛克斯公司收到了像雪片似的订货合同，市场占有率高达 60%，大获成功。

# 64. 分层定价模式

**分层定价是一种为不同需求的客户提供不同价格层次的定价策略。企业可以根据服务的复杂度、品质或者附加价值，为客户提供不同层次的选择。**

### ➤ 模式拆解

顾客分层定价策略是提高企业利润并满足顾客需求的重要策略。通过合理制定产品价格、提供个性化服务和差异化定价附加服务，可以更好地满足不同顾客的需求，提高客户满意度，并根据他们的消费能力和需求，获得更大的销售额和利润。

这种模式适用于有多种服务项目、客户需求差异较大的美容与健康行业，特别是健身房、SPA、私人护理等行业。

### ➤模式落地

（1）基础项目定价。

每个人都需要基础生活必需品或服务，企业将商品或服务划分为基础项目，并根据成本和市场竞争定价。为了留住忠诚顾客，要确保产品或服务的质量和价值与价格相匹配。

（2）初级需求定价。

除了基础需求，有些顾客还有初级需求，企业可以将一些高品质或改良过的产品或者服务定价稍高一些，以满足这些顾客的需求，并赚取更高的利润。

（3）改善需求定价。

有些顾客希望享受更高级的服务、更个性化的购物体验或解决特定问题的方案。企业可以定价质量更高的产品或服务，同时提供额外的价值，如定制服务、专属折扣或售后保障。这样不但能获得更高的利润，还能培养出一批高价值的忠实顾客。

（4）个性需求定价。

有些顾客追求与众不同，渴望拥有独特、奢侈或个性化的商品，企业可以提供一些定制或限量版产品，将价格定位在高端水平，并确保提供与之相匹配的高品质和专业服务。这些顾客往往拥有更高的消费能力，愿意为满足自己的特殊需求支付额外费用。

（5）差异化定价。

除了产品定价，企业还可以通过提供附加服务，进一步增强实体店的价值。比如，提供免费包装、送货上门等贴心的售后服务等，增加销售额，增强顾客忠诚度。

**案例实操**

某老板经营着一个跨境电商独立站，销售电子产品。针对不同客户，他基于市场调查和销售数据，制定了分层定价策略。

他将客户分为两个层次，普通客户和会员客户。设定产品价格如下：

普通客户：普通价格。

会员客户：享有 10% 的折扣。

在国庆节期间推出了特别促销。普通客户购买一款价值 1500 元的产品，不享受折扣。会员客户在同一时期购买该产品，享有 10% 的会员折扣。

普通客户支付：1500 元。

会员客户支付：1500 元 X 0.9 = 1350 元。

经过这样一番操作，吸引了不同类型的客户，不仅提高了客户满意度，还极大程度地提高了利润。

## 65. 追加销售高利润模式

**追加销售可以以相对较少的营销工作提高平均订单价值。当消费者开始对企业的品牌和产品感兴趣，企业就可以在适当的时间和地点向他们展示相关的购买升级，以此巩固与消费者之间的关系，增加收入。**

### ➤模式拆解

追加销售是一种劝说消费者的技巧，能够促使消费者购买更昂贵的产品、升级产品套餐或购买高配版的产品，以实现更高的销售额。

追加销售针对已购买产品的消费者，因为他们更容易被说服，销售成功的可能性高达 60% ~70%。如果针对新客户，则销售成功的可能性只有 5% ~20%。此外，追加销售会变得越来越容易。初次购买的消费者有 27%的可能成为回头客，但在第二次或第三次购买后，这一比例会上升到 54%。

通过策略性的追加销售，商家能提高平均订单价值，这是在追加销售的最大好处。

### ➤模式落地

（1）增值。

这一策略的关键是要乐于助人。例如，麦当劳在追加销售时仿佛在帮助顾客，毕竟薯条搭配汉堡和奶昔非常美味。企业必须牢记，“增值”是向上营销的关键词。

（2）了解用户。

只有了解客户的目标、压力等，才能为客户提供合适的服务和报价。还要评估当前客户与你合作的原因，以及你如何为他们提供更多服务，这样才能形成追加销售的思路。

对于第一梯队的客户，即那些刚与你开展合作的人，应该向他们推销具体实用的服务。

对于第二梯队的客户，要给出最划算的报价；既与他们的需求相吻合，又要与你的才能相匹配。

对于第三梯队的客户，可以向他们推荐最豪华的服务，增加更加丰富的内容，以实现一条龙服务。

（3）体现价值。

无论面向哪类用户进行追加销售，都要强调每种服务的价值和好处。例如，如果客户对你所提供的网页设计服务心存疑虑，你可以向他们说明，你会负责跟进后续维护服务，为他们节省大量时间和精力。只有看到服务的价值，客户才愿意投入更多金钱，更加倾向于长期与你合作。

**案例实操**

麦当劳门店点餐时常问的4个经典话术，简单直接，可以进行快推式产品营销：

（1）您是否要加一包薯条，这样可以凑成套餐，节省2元？（实际上多花5元）

（2）您要不要加3元把可乐换成大杯？可以多一半哦！（实际上3元可以买到600毫升）

（3）您要不要加10元买个玩具给小朋友呢？

（4）结账前总要问一句：“您还需要点什么？”

前三句话可以让消费者多消费18元，最后一句能让快餐业巨头每年多赚回几个亿。其中的奥妙在于：

（1）让顾客感觉更“合理”。在顾客自主购买一些产品后，点餐员才会追加销售，使顾客会认为这是帮他获得更合理的服务。另外，顾客购买追加的商品，是对他之前购买决策的认可。

（2）引导顾客回答“好的”。推荐产品时，麦当劳收银员一般采用闭合式问法。比如：“您要不要加3元把可乐换成大杯？可以多一半哦！”只加3元就能换成大杯，还能多喝一半，让顾客不假思索地回答“好的”。再加上柜台排队的压力，以及前面的消费者接连说出“可以”“好的”，顾客很容易多下单。

（3）第一时间展示产品。用最快的速度说出销售话术，并在第一时间把产品展示给顾客，方便顾客快速作出判断，是麦当劳做好“连带销售”的又一个核心套路。

（4）付款前再次追加开放式问题，尽可能促单。顾客确定了餐品选择，即将付费之前，麦当劳点餐员还会微笑着再追加一个开放式问题：“您还需要点什么？”这更像是提醒，而非销售，让顾客觉得很贴心。但在本质上，这个追加提问就是销售。据统计，10%的顾客会因此再次购买一些商品。

# 认知变现篇

## 你赚的每一分钱，都是你认知的兑现

# 66. 免费模式

**免费模式的本质是将那些能够规模化、个性化传播信息的商品，以边际成本的价格出售。这里的免费不是不收费，免费是实现价值点的转移，免费是策略，而不是战略。**

## ➤ 模式拆解

过去，商人最擅长低买高卖，随着互联网的出现，企业开始为很多人提供免费的商业模式，最后获得巨额财富。简单来说，免费模式就是通过吃亏利他的精神，吸引大量客户，以延伸产业链，挖掘隐形的利润，实现交叉补贴，赚取别人看不见的钱。

免费模式的底层逻辑就是：在前期让出一部分利益，通过免费提供某种产品或服务，吸引大量用户或流量，然后通过其他方式实现盈利。一些互联网软件提供基础的免费功能版本，在用户习惯使用这些免费内容后，再从其他途径实现盈利。例如，在软件中植入广告，吸引用户付费升级到更高级的功能版本，享受更多的服务权益等。

这种模式不是做赔本买卖，而是有着明确的商业目的——获取利润、扩大市场份额、增强品牌影响力等。

## ➤ 模式落地

（1）第三方付费模式。

第三方付费模式适用的行业特点通常有以下几点：一是具有较强的内容或服务属性，能够吸引大量用户使用并停留较长时间，如在线视频、知识付费平台等；二是所处行业的受众群体具有较高的消费潜力和多样化的消费需求，便于第三方通过合作挖掘更多的商业机会，如母婴类 App。具体操作时，企业需要精准定位自身产品或服务的优势和核心价值，明确目标客户群体的特征，有针对性地寻找与之契合度高的第三方合作伙伴。同时，还要设计出合理的合作模式，明确双方的权益和责任，如广告投放的形式、时长、频次，以及收益分成的比例等，这样才能确保合作长期稳定，实现互利共赢。

（2）功能型商业模式。

功能型商业模式，强调利用产品或个人所具备的多种功能属性来拓宽盈利渠道，盘活整条利益链。企业运用该模式的关键在于深度挖掘产品或服务的潜在功能，并结合市场需求进行创新开发。比如，生产智能手环的企业通过技术研发，增加了睡眠监测、压力分析和与社交平台互动等功能，不仅提高了产品的竞争力，还吸引了更多不同需求的用户，进而通过与健康管理机构合作、售卖配套周边产品等方式增加了盈利点。

（3）定时免费商业模式。

定时免费商业模式在餐饮等众多行业中被广泛应用，它主要是根据不同时间段设置免费或低价活动来吸引消费者，提高店铺的客流量和收益。比如，有些餐厅推出工作日午餐时段的特价套餐吸引上班族和周边居民前来消费。这样既能让消费者享受到实惠，又能提高店铺在这段时间的利用率，增加整体收益。

（4）主产品免费模式。

主产品免费模式就是，商家将主产品免费提供给消费者，吸引大量客户，带动店内其他商品的消费，采用交叉补贴的方式增加盈利额。其优势在于，一方面，能够快速聚集人气，吸引更多流量；另一方面，通过带动其他商品的消费，可以增加客户的客单价和复购率，建立起长期稳定的客户关系，带来持续的收益增长，提高品牌的知名度和美誉度。

（5）先免费后付费模式。

在互联网产品领域，先免费后付费模式很常见且成效显著。这种模式借助免费试用的策略打造品牌影响力，吸引用户关注，最终促进销售。比如，很多办公软件提供基础的免费版本供用户进行常规的文档创建、编辑等操作。在使用过程中，用户会对软件产生依赖，随着使用需求的增加，在发现免费版本的功能无法满足更高级的需求时，就会付费升级到专业版或高级版软件，享受更多的功能服务。

（6）部分免费模式。

这种模式的特点在于，通过赠送的配套产品与主产品形成紧密的关联和互补，增强整个产品组合的吸引力和实用性，为消费者提供了更多价值。同时，突出产品优势，提高产品的差异化程度，吸引更多的潜在客户关注，进而扩大市场份额，提高主产品销售额，增加盈利。

（7）对部分消费者免费模式。

针对特定人群免费，如电影院对女性免门票、游乐园对儿童免门票等。享受观影的女性客户会与收费的客户结伴而行，他们还可能购买爆米花、饮料等周边商品，增加了影院的其他收入。

**案例实操**

日本东京的银座绅士西装店首创的“打一折”销售曾轰动东京。当时销售的商品是“日本 GOOD”。具体操作是：先定出打折销售的时间，第一天打 9 折，第二天打 8 折，第三、第四天打 7 折，第五、第六天打 6 折，第七、第八天打 5 折，第九、第十天打 4 折，第十一、第十二天打 3 折，第十三、第十四天打 2 折，最后两天打 1 折。

商家预测：该销售策略让人吃惊，前期的舆论宣传效果多半会非常好，顾客将会抱着猎奇的心态蜂拥而至，也可以在打折销售期间随意选定购物的日子。如果想以最便宜的价钱购买商品，只需要在最后两天去买就行。但是，等到最后未必能买到想要的商品。

实际情况：第一天只有少数客人观望。从第三天，就有一群一群的客人光临。才到第五天打 6 折时，客人就像潮水般涌来抢购，以后连日客人爆满，还没等到打 1 折，商品就卖光了。商家运用独特的创意，促使顾客抢购喜爱的商品，引起抢购连锁反应，最终在商品打 5 折、6 折时销售一空。

# 67. 卖项目模式

**冲哥说**

**不要光卖产品，要把它做成赚钱的项目。卖产品的老板，他背后的逻辑是消费，消费的背后是满意度，比他更高的人开始卖项目。**

### ➤ 模式拆解

项目的方向是投资，讲回报率，更注重长期性和战略性。企业不再仅仅关注单次交易的利益，而更加注重与客户建立长期稳定的合作关系，通过共同投资、共同开发、共同运营等方式，实现互利共赢。

项目思维的优势在于，能帮助企业与客户建立更为紧密和长期的合作关系，通过共同投资和开发，实现技术和资源的共享，降低风险和成本。这种思维方式的转变，要求企业具备更强的资源整合能力、项目管理能力和风险控制能力。

### ➤模式落地

项目思维落地需要企业在组织架构、人才建设、流程管理优化等方面进行全面的变革和升级。

（1）组织架构调整。

企业需要建立跨部门的项目团队，打破传统的职能壁垒，实现资源的优化配置和高效协同。同时，还需要设立专门的项目管理部门，负责项目的立项、审批、监控和评估等工作，确保项目的实施和目标的达成。

（2）人才队伍建设。

企业需要培养和引进具备项目管理、技术研发、市场营销等多方面能力的人才，形成复合型的人才队伍。同时，还要加强员工的培训和学习，提高员工的专业素养和创新能力。

（3）流程管理优化。

企业需要建立科学完善的项目管理流程，包括项目立项、需求分析、方案设计、实施执行、监控评估等环节，确保项目的规范化和标准化。同时，要加强流程的优化和创新，提高项目的执行效率和质量。

（4）风险管理控制。

企业要建立完善的风险管理机制，对项目的风险进行识别、评估、监控和应对，还要制定风险应对策略和预案，降低项目的风险和不确定性。

（5）从解决方案到项目升级。

企业要与客户建立长期稳定的合作关系，深入了解客户的业务需求和运营模式，为客户提供更为深入和专业的服务。项目一旦成功实施，企业就能获得更加稳定和可持续的盈利。

**案例实操**

郭老板是代理商，在上游厂家压货、下游终端压货款、门店经营惨淡、压力不断攀升的境况下，步履维艰。品牌商认为她能力有限，直接把代理权给了另起炉灶的副店长。

我认真分析了郭老板的处境，和她所售卖的产品，建议她将卖产品的思路改为卖项目。郭老板按照我的思路进行调整，发现做生意有多种方式，不只有低买高卖。她当即变被动为主动，将产品转变为项目进行售卖，具体方法如下。

首先，消费者只要交1000元，就可以成为品牌合伙人，同时那1000元可以在店里随意消费。

其次，客户作为品牌合伙人，在发掘9个新用户达成买卖后，郭老板将会以指定商店消费券的方式把1000元返还给客户。

最后，郭老板会给合伙人佣金，合伙人在赚到真金白银之后，肯定会继续发掘新用户。

通过这样的方式，郭老板发展出很多合伙人，每个合伙人都积极地给她发掘客户。就这样，郭老板浴火重生，成为卖项目的领军老板。

## 68. 卖故事模式

**在信息爆炸的时代里，消费者的选择多如牛毛，企业要想在众多品牌中脱颖而出，不仅要靠产品的参数，更要靠产品承载的故事。**

### ➤ 模式拆解

人人都喜欢听故事，因为故事中包含了情感、情景和经历，能够触动内心。品牌同样如此。一个有温度的故事，能树立品牌形象，还能赋予品牌独特的灵魂，从而与顾客建立更深层次的情感联结。当企业真诚地把品牌故事融入产品，顾客购买的就不仅是商品，更是对企业理念的认同和支持，将会成为企业的长期支持者。当企业开始卖故事，品牌将成为顾客的伙伴。

### ➤ 模式落地

（1）真实。

故事必须是真实的。人们很容易察觉出虚假的内容，真实的故事更能引发共鸣。

（2）细节。

故事的魅力往往藏在细节中，讲述制作产品时的小插曲，或与顾客之间的温馨互动，会让故事更加生动。

（3）共鸣。

把故事讲得更贴近顾客的生活，让他们在故事中看到自己，深受触动。

（4）更新。

故事需要持续更新。随着品牌的成长，你可以不断分享新的经历和体会，让顾客看到你的变化和进步。

**案例实操**

老板在咖啡店里挂满了老顾客的照片，每张照片后面都有故事：谁是第一次来这里约会的情侣，谁是刚刚入职场的新人，谁是每天早上七点半准时到店的老客户。

每次来都能感受到温暖，和这里的老板就像是一家人，一起聊天、分享生活的点滴。这些小故事吸引了很多新顾客，他们阅读这些温馨的故事，也渴望成为故事中的人物。顾客在故事中找到了情感的寄托，在与品牌的互动中体验到生活方式和情感共鸣。

老板通过这些故事，营造了归属感和认同感，让顾客觉得把咖啡店当成是他们生活中有着特殊意义的地方。

故事能引发情感共鸣，增强记忆力。所以，在营销中使用故事可以帮助品牌建立情感联结，提升用户的参与度和忠诚度。用户可能想知道其他品牌是怎么做的，如苹果、可口可乐、Airbnb 的例子。这些案例能展示不同行业如何运用故事营销，并突出它们成功的关键点，如情感共鸣、用户参与、品牌价值观传递等。

## 69. 卖解决方案模式

**随着市场变化和消费者期望的提高，仅有基本功能的产品不再受欢迎。企业应该从客户的角度出发，深入了解客户面临的挑战和问题，并提供全面的解决方案。**

### ➤ 模式拆解

在当今日新月异的商业环境中，唯有不断变革和创新的企业才能生存和茁壮成长。以卖解决方案为导向，企业就能跳出传统的框架，关注客户需求，并提供有价值的解决方案。

所谓解决方案，就是“解决客户问题的对策”。企业对客户经营有洞察，就能发现对方当前存在或潜在的问题，拟定对策，帮助客户实现既定的商业目标。

卖解决方案模式，核心任务在于发现和解决客户的问题，为客户进行分析、判断。这是合作的起点，也是成交的终点。

（1）价值定位。

卖方案以消费者为本位，要求企业站在客户角度思考问题，洞察客户的痛点和需求。

（2）思维方式。

卖方案需要立体化思维，要为客户制定“一揽子”、个性化解决方案，提供售前、售中和售后服务，满足客户的功能需求、使用需求、管理需求。

（3）产品结构。

卖解决方案是销服一体，不仅服务产品化，而且产品服务化，通过销服一体化彰显人性的温度。

（4）盈利模式。

卖方案追求增值潜力，企业与客户形成有质量的黏性，一方面可以获取产品和服务本身的溢价和增值；另一方面让复购和裂变成为可能，大大降低营销成本。

（5）竞争逻辑。

卖方案提供的是个性化和定制化服务，走的是差异化竞争之路，能形成竞争的护城河。

### ➤ 模式落地

（1）关注客户整体需求。企业家要投入时间和资源研究目标市场的问题，并找到有效的解决方案，这可能涉及更多的咨询、定制化服务或与其他公司的合作，然后为客户提供综合的解决方案，理解和满足客户的真正需求，建立更加稳固和持久的客户关系。

（2）注重价值创造。企业家应该努力提供能够带来真正价值的解决方案，而不仅仅是推销产品，这可能包括增加效率、降低成本、提供个性化的服务或解决特定领域的难题。企业家要通过为客户创造价值，区别于竞争对手，并建立品牌忠诚度。

（3）追求长期合作关系。企业家要放弃短期的销售目标，将注意力放在与客户建立长期合作关系上，理解客户需求并提供持久的解决方案，获得重复销售、口碑传播和客户推荐，实现可持续发展。

**案例实操**

客户对产品兴趣不大，或者一上来就问价格。其实，问题往往不在于产品本身，而是我们没能找准客户的痛点。有个人想买一把电钻。他转了几家店，被店员吹嘘得一头雾水，只好又换了一家店。店员客气询问："您买电钻准备做什么用？"

问题变了，销售人员和顾客之间的维度随之发生了微妙的变化，从"我要买电钻"变成了"为什么要买电钻"。他立刻说出自己想在壁橱的墙壁上打洞的需求，从购买者悄然变成了咨询方。这个时候，对于店员来说，推销哪个品牌、哪个型号、什么价格的电钻变得不重要了，重要的是如何帮助客户解决在墙上打洞。可见，卖电钻不是卖电钻，而是卖在墙上"打洞"的解决方案。当你了解了客户内心真正需求的时候，你就已经把周围90%以上的同行，甩开几条大街了。不是店员在销售，而是店员在帮客户购买。当你真正关心或关注客户如何选购，并且让客户感觉你是在帮他的时候，你会发现，客户把你当成了他们中的一员。

## 70. 超级个体模式

**超级个体在某些领域具备极致专业能力，做出突出成就，且个人影响力极大，达到千万人级别乃至亿万人级别。未来两年，普通个体要成为超级个体，成为命运的主宰体，成为定价的庄家。**

### ➤ 模式拆解

所谓"超级个体"就是指利用个人技能、资源和数字化工具，独立创造价值并影响世界的人。一人公司是超级个体的最佳载体，它是一个由你独自运营的商业实体，无须复杂团队，却能实现高效盈利。

开一人公司的关键在于，找到自己的独特优势，用最小成本撬动最大价值。你就是公司的生产力，是公司的核心，也是最大的资产，组建一个小团队绕着自己转，把自己的价值放大。

超级个体的核心是，把自己当作公司经营，成为人生的CEO，主动思考自己的增长飞轮和商业模式，重新审视那些被动接受的工作是否符合自己的人生企业目标，从而开启人生新的可能性。

### 模式落地

（1）明确你的核心能力。

超级个体的第一步是认清自己，明确自己的特长和优势。如今，市场对个性化、专业化的需求更加旺盛。比如，你是写作高手，这就是你的“核心能力”。

自问：我每天花最多时间做什么事？别人经常找我帮什么忙？如果我有无限时间，我最想做什么？

验证市场需求：在社交媒体上搜索关键词，看看那些先自己一步的前辈反馈如何。或者直接问问身边的朋友、同事是否需要你发挥特长帮助他们。比如，你擅长短视频剪辑，就可能是切入点。

（2）打造个人 IP。

一人公司不是“单打独斗”，而是通过个人 IP 吸引客户。如今，注意力是稀缺资源，如何让别人记住你、信任你，是成功的关键。

（3）选择你的主场阵地。

你想选择微信公众号、微博、短视频平台，还是小红书、视频号、抖音？根据你的目标客户群体选择核心平台。比如，自媒体新手小白最好选择公众号平台。

（4）输出内容，展示价值。

从今天开始，每天花 30 分钟分享你的专业知识。比如，写文章、拍短视频，或者发一条有洞见的朋友圈。内容要聚焦——让别人一看就知道“你是干什么的”。比如，自由撰稿人可以分享写作技巧。

（5）建立信任。

如今，AI 生成的内容泛滥，用户更看重真实性，分享你的真实经历、失败教训，甚至日常生活，都能拉近与客户的距离。

（6）设计你的产品。

超级个体的收入来源通常是产品或服务。2025 年，低成本、高复购率的产品尤其受欢迎。以下是两种常见模式：

①服务型。比如，提供一对一咨询（如职业规划）。优点是启动快，缺点是时间换金钱，难以规模化。

②产品型。比如，数字产品（如电子书）。优点是一次制作，多次销售，时间更自由。建议从服务开始，积累客户和口碑后，逐步开发产品。

（7）简化运营。

一人公司的最大优势是技术赋能。你只需要用好 AI 工具，就能用最少的时间完成最多的事。比如，每天用 AI 生成初稿，再人工调整，就能快速产出内容。

（8）起步与迭代。

一人公司的启动不需要完美。市场变化快，快速试错才是王道。

第一步，找到第一个客户，哪怕免费服务，也要换取反馈和案例。

第二步，调整定价和服务流程，确保客户满意。

第三步，扩大影响力，通过老客户推荐或内容营销获取新客户。

比如，独立插画师可以在朋友圈发作品，在接到第一个订单后，就可以通过客户转介绍逐渐积累订单。

**案例实操**

董宇辉从一个员工、一个主播突然爆红成为一个网红，变成一个非常大的现象级个人 IP，正能量爆棚，且持续很长时间。这已经证明了他自身的实力。

当资本追逐流量明星时，他用知识证明：真诚比套路更持久，文化比吆喝更有力。

董宇辉靠着渊博的知识、独特的直播风格及与观众的深厚情感联结，成为现象级网红。但是，他之所以能够成为超级个体，主要得益于他在多个维度上的卓越表现。在社会责任方面，他积极参与公益活动，传递正能量；在社群运营上，他与粉丝建立紧密联系，真诚地与之互动，增强粉丝黏性；在跨平台合作上，他不断拓展影响力，实现资源互补；在公司化运作上，无论是在东方甄选公司，还是在与辉同行公司，他都依托专业团队，有效整合资源，实现个人 IP 的快速崛起和商业价值的最大化。

董宇辉的逆袭不是偶然，而是一场蓄谋已久的“知识革命”。他将 8 年教学沉淀转化为“文化带货”，用历史、文学、哲学重构商品价值；他从农村娃到顶流的经历，让普通人照见自己的影子；他拒绝赚快钱，坚持“影响人”的初心，甚至因过度追求完美被批“爹味”。

# 71. 需求塑造模式

**人们的需求多种多样，从事商业活动必须开动脑筋，捕捉不断变化的市场信息，挖掘市场潜力，还要在没有需求的时候创造需求。需求塑造，无中生有，任何产品和服务，只要卖点足够爆，小需求也能变成大市场！**

### ➤ 模式拆解

所谓需求塑造，就是在客户已经意识到问题和需求的基础上，通过提供专业见解和建议，帮助客户清晰地理解和认同解决方案，从而引导他们接受和采用我们的解决方案。需求塑造不仅是满足客户的需求，更是通过专业知识和经验，引导客户看到新的可能性和改进空间。

### ➤ 模式落地

（1）放大痛点。

在需求塑造过程中，首先，要放大客户的痛点，让他们清晰地感受到问题的严重性和紧迫性。在放大痛点时，要注意方式方法，不能指责客户；要巧妙地引入问题，引导客户认清真相。其次，要恰当地放大问题的影响，让客户在感受到问题严重性的同时，通过收益回报问题，认识到解决痛点将会有很大收益。

（2）设定期望。

在放大痛点之后，要帮助客户设定合理的期望，让他们看到通过解决问题能够带来积极变化和收益，包括短期和长期的预期效果。

①设定短期目标。通过快速见效的小规模改进，让客户看到立竿见影的好处。比如，建议客户先优化一个生产环节，亲眼见证生产率提高5%。

②描绘长期愿景。展示解决方案在未来一段时间内可能带来的全面提高，如全面数字化转型后，整体运营成本降低20%，生产效率提高30%。

（3）识别原有方案的局限性。

帮助客户识别这些局限性，促使他们更开放地接受新的建议和解决方案。对比客户现有方案和行业最佳实践，指出其不足和潜在问题。

（4）引导客户想象理想解决方案。

引导客户重新生成对解决方案的期望，结合前面所有步骤，帮助客户重新认识到最佳解决方案。

描绘实施效果。详细描述实施理想解决方案后可能带来的具体效果和收益。

设定具体预期。帮助客户明确解决方案的实际应用效果和预期收益。

最后，帮助客户构建对理想解决方案的期望。

（5）客户需求塑造的关键点。

从客户的实际需求出发，逐渐引导他们认同你的解决方案，不要让客户觉得你在强行推销，否则会导致失败。

**案例实操**

星巴克创造需求有三宝：Wi-Fi、楼下、坝子。这三个场景，让城市里的很多人都对星巴克产生了需求。

选址充分体现了星巴克把茶楼当敌人：第一批星巴克，先进入写字楼和购物中心；第二批是社区中心；第三批是年轻人多的街道。这些都是茶楼实力非常弱，且目标客户很集中的地方。

选址体现了星巴克的竞争战略：在城管非常厉害的中国，坝坝茶已经消亡，但每一间星巴克都有坝子上的外场。

当星巴克握住 Wi-Fi、楼下、坝子这三宝之后，需求就产生了：

（1）自带电脑的网吧。虽然家里也可以上网，但楼下也方便。

（2）与朋友会面的楼下会客厅。之前中国人的咖啡厅很封闭，见面怕看见，但是“80 后”和“90 后”不一样。

（3）简短会谈。商务、商谈的非正式场所。要近要快，谈 15 分钟，正式见面不在办公室，就在五星级酒店或者商务 KTV。

“80 后”和“90 后”功能需求简单，社交观念开放，经过星巴克的引导，显然已经不喜欢封闭、私密和高级的茶楼了。

# 72. “经验差”内行模式

**赚钱，是卖成长经验和头脑中的知识。把一项技能做成高手，把经验分享出来，或做成课程，或写成书，你的钱就来了。**

## ➤模式拆解

一个人最值钱的是成长经验。比如，善于写作的人卖经验之初，会被问很多问题。如果没时间一一解答，那么可以写一门课提供给有需要的人。如此，不仅能赚到钱，还能让那些人学到你的方法。双赢！

每个人都可以靠经验赚钱。“你会，别人不会的”，就是你的财富值。“别人常常问你的”，就是你的价值差。赚大钱可能需要谋略，赚个几万元的小钱靠经验梳理就足够，还能帮助你实现利益的最大化。在网络上发布经验，还能吸引一些粉丝，通过广告收益、知识付费等方式赚取利润。即使你没有什么技术，也可以卖知识。

## ➤模式落地

（1）明确你的经验价值。

你要明确自己的经验具有哪些独特的价值，可能在哪种程度上帮助他人解决问题或者提供新的思考角度。比如，成功企业家的创业经验可以帮助那些正在创业或者想要创业的人避免一些常见的陷阱。

（2）选择适合的平台。

你要根据经验的性质和目标受众选择适合分享经验的平台，如社交媒体平台、论坛或者在线教育平台等。最好在社交媒体平台上分享日常生活的经验或者旅行经历。

（3）用个人化的语言和风格分享经验。

分享经验的时候，要用你自己的语言和风格，以便让你的内容更具吸引力并且更加真实；还要结合具体的例子和细节讲述，让读者更容易理解和接受；也可以提供一些深入的思考和见解，让读者感受到你的经验和知识不仅仅是表面的。

（4）与读者互动。

在分享经验的过程中，要与读者互动，可以通过回答评论、提问或者组织讨论等方式实现，从而了解读者的需求和反馈，调整内容和策略。你还可以设立定期的互动环节，鼓励大家进行深度的交流和学习。

**案例实操**

张女士是心理咨询师，每天都要处理很多心理案例。自从学习了公众号写作，她把这些工作中的案例写成文章分享到网上，因为她写得专业，定位垂直，所以很快起号成功。很多想做心理咨询的人都关注她，粉丝多了，也就能赚到钱了。其他靠经验赚钱的方式比比皆是。

生活窍门看似微不足道，实则蕴含巨大价值。在小红书、抖音等平台分享省钱攻略、收纳技巧、清洁妙招等，吸引大量粉丝关注。当粉丝量达到一定程度，就可通过广告合作、带货等方式变现。例如，分享自制天然清洁剂的配方与制作方法，吸引众多注重环保与健康的用户关注，进而推广相关清洁用品。

育儿心得也是热门领域。如今家长对孩子教育与成长极为重视，宝妈们在宝宝喂养、早教、亲子关系处理等方面的经验，极具市场需求。可在宝宝树、妈妈网等平台发布文章、开设课程，或在小红书上分享图文笔记，吸引粉丝。还能与母婴品牌合作，进行产品推广。如推出一套针对新手妈妈的育儿课程，售价可能在几十到上百元不等，热门课程一年能轻松赚几十万元。

# 73.“认知差”收割模式

**世界上最贵的“税”，叫“认知税”，人的一生都在为认知买单。高认知的人仿佛拥有一把利器，可以对低认知的人进行“降维打击”，占领认知高地者可赢得未来。**

### ➤ 模式拆解

人一旦形成认知，就会排斥不一样的认知，所以，先入为主抢占认知高地才是商业竞争的关键。认知营销的底层逻辑是一种价值思维 + 客户导向 +

认知重构的商业增长策略。

对于品牌来说，消费者的认知决定了品牌在消费者心里的样子，从而影响他们的行为。认知在营销中的作用就是，“你是什么并没那么重要，关键是消费者认为你是什么”。

贩卖认知，依靠互联网的快速传播和对目标消费群的精准抓取，就能实现自身的市场成长、品牌塑造、消费认可和粉丝沉淀。从本质上讲，贩卖认知就是通过提高潜在顾客对产品或服务背后价值和必要性的理解，从而促进销售。这种方式适合那些价值不是一目了然或需要深度理解的产品和服务。

### ➤ 模式落地

（1）引发关注。

通过教育式的内容吸引目标客户，提高他们对某一问题或需求的认识。这种内容应该直接指向你的产品或服务可以解决的问题。例如，销售空气净化器，可以创作和发布一系列关于空气污染对健康影响的文章，帮助读者意识到空气净化器的重要性。

（2）展示痛点与解决方案。

当潜在客户对问题有了一定的认识之后，就可以展示这个问题在他们的日常生活中是如何具体影响他们的，并提供明确的解决方案。依然以空气净化器为例，可以进一步提供数据和研究结果，说明普通家庭的室内空气可能比室外污染高出多少倍，并详细介绍你的空气净化器如何有效去除室内的有害颗粒。

（3）强化认知与信任。

通过案例研究、客户见证、专家推荐等方式，加深顾客对产品有效性的认知和信任。例如，可以展示使用空气净化的真实用户的反馈，如哮喘患者使用后明显减少发作。

（4）克服异议与强化购买理由。

解答潜在客户可能存在的疑问和顾虑，强化他们购买的理由，详细说明产品的功能特性、性价比、售后服务等。如果客户认为空气净化器价格偏高，那么可以提供分期支付选项。

（5）持续教育与关系维护。

即使销售已经完成，也要持续提供有价值的信息和优质服务，维护与顾客的长期关系，建立口碑营销，促进复购。

记住，你要为消费者提供一种新的生活方式或解决方案的认知，建立起品牌的价值和必要性。这样的销售方式往往更持久，能够有效提高客户的购买意愿和满意度。

**案例实操**

在白酒行业，对贩卖认知的功课做得最到位的，无疑首推茅台。

从某种程度上说，"茅老大"堪称白酒行业贩卖认知队伍中的祖师爷。

它最成功的案例有以下三个：

第一个，茅台集团将茅台酒成功塑造成了"历史酒""文化酒""金融酒"。

第二个，茅台集团将茅台酒成功塑造成了国内健康的著名白酒。

第三个，茅台集团将茅台酒成功塑造成了白酒行业"最具金融属性"的白酒。

在酒这个阵地上，茅台集团成功地向大家贩卖认知，给消费者更多酒知识，用文化和场景征服消费者，自然就成为"王者"，占领认知高地，从而赢得未来！

# 人性掘金篇

## 赚到钱的人，都精通人性博弈

# 74. 占便宜模式

**古人说：“欲取之，必先予之。”做生意，想增加盈利，最核心的要领就是了解并满足客户群体的欲望。当你提升了顾客占便宜的收获感和迫切感，毫无疑问，那种因他人贪欲带来的财运离你就不远了。**

### ➤ 模式拆解

占便宜模式的核心就是：如何让客户占便宜；以什么样的策略让客户占便宜；如何激发客户占便宜的冲动；如何提升客户占到便宜的收获感和喜悦感；如何增强客户占便宜的迫切心理；如何在无形中调动消费，一边留住客户，一边牢牢地把客户的钱赚到口袋里。

客户不是傻子，虚假的优惠是唬不住人的，如何既让顾客占到便宜，又让自己赚到银子，这是一门学问，更是一门艺术。现在的消费者更追求性价比，而不是盲目贪便宜。你必须对标客户占便宜的心理，提高产品的性价比，才能以产品勾起客户的购买欲望，落实盈利计划。

### ➤ 模式落地

（1）提供优惠券或折扣码。

每当节假日，很多商家都会提供优惠券或折扣码开展营销活动，一边与顾客互动，一边让客户享受优惠。这样做不但能提升顾客的购物体验，还能增加客户对品牌的信赖和忠诚。

（2）送样品，你试用我买单。

让客户免费试用产品，先体验，再决定是否购买。这样不但能增进品牌与客户之间的亲密关系，还能在提升信任度的同时，让顾客切身感受到“占便宜”的收获感和尊崇感。

（3）限时特价活动。

商家可以限定时间限量推出特定的打折商品，这样不但能够促进消费，还能够让客户在短时间内以最低的价格得到实惠。

（4）助推买赠活动。

买一赠一，第二件半价，虽然这些举措看起来粗暴又直接，却能快速吸引消费眼球，促成客户消费。

（5）满额返现优惠。

满 50 返券 30，满 79 返券 40，满 30 包邮，满 20 送礼品，即便进店的客户起初只想消费几块钱，也会为了占便宜而加大消费力度。因此，商家提高了营业额。

**案例实操**

在美国有一家名为“冲浪烧烤酒吧”的餐厅，它的店面选址并不占优势，但来的人却络绎不绝，问及原因所有的顾客都是被老板设计的特色优惠模式吸引的。

原来在店面的不远处，有一座吊桥，只要河间有船经过，吊桥就会升起五到七分钟的时间，这显然阻挡了一些消费者进店消费的冲动，可酒吧的老板，却从中想到了一个既能解决问题，又能提高消费业绩的好方法。他将吊桥障碍打造成了自己的获客优势，只要吊桥升起，啤酒便会在其还没落下的五到七分钟内限时优惠，吊桥没升起时啤酒常规价是 50 美分，只要吊桥一升起，啤酒即刻打折，直接优惠到 25 美分。

正是因为这个小小的活动，引来了无数爱喝酒，又喜欢占便宜的消费者，酒吧也因为这一小小的促销活动，成了当地最具盛名的酒吧之一。这里常年人流不断，不但生意兴隆，还获得了顾客青睐，树立了自己的良好口碑。

## 75. 砍一刀模式

**想赚到更多钱，在营销思路上就要吸引并留住客户，助推客户参与，在刷新认知的同时，打造出令客户更青睐且更认同的消费体验；还要助力客户拿到最低价格，从而推动客户进一步投入和消费，哪怕看起来是在挨刀，实际上却是在薅羊毛！**

### ➤ 模式拆解

砍一刀，砍一刀……看起来挨刀，积少成多就薅到了一堆羊毛。允许客户参与，一边标注初始价格，一边组织客户集体杀价，让客户在砍价的快意间，收获更低廉的价格；一边收获实惠，一边体验购物的畅快和欢乐。届时，客户便成为企业免费的品牌传递者，一边在转发中增强宣传力度，一边将更多消费群体聚拢过来，顺着营销模式对进账进行滚雪球般的无限运作。客户买得开心，商家赚足野心。这种互惠双赢的消费体验，谁不想参与呢？

### 模式落地

（1）出售助力服务。

通过网络二手交易平台，出售拼多多砍一刀的助力服务，利用信息差和流量倾斜，不但能更好地提升收益，还能提升品牌知名度，吸引更多的消费群体。这样一来，商家就可以通过低价购买砍价服务，再高价卖出，从中赚取差价利润。

（2）派单模式。

通过搜索QQ群等相应社交渠道找到可以提供砍价服务的群组，与这些群组合作提供不同价位的砍价产品和服务，既能推动产品销售，又能在对砍一刀活动进行系统分析后，重新分配利润，一边进行品牌营销推广，一边在服务优惠领域另行收取费用。

（3）互砍模式。

加入顾客互砍群体，一边帮助客户砍价，一边推广品牌和服务，这样不但能提升消费者的消费指数，还能在设计和完成任务的进程中，推动消费增长，达成理想的消费业绩。

### 案例实操

如今，被大众所知的拼多多，在开创了新型消费体验以后，以其独特的砍一刀活动提升品牌效应，在众多粉丝顾客的追捧和用户下一路迅速崛起，它在很短的时间内吸引了大量的忠诚用户，并源源不断地利用砍价举措，提升顾客落实消费任务的热情，一边用高额奖励升华诱惑，一边免费利用粉丝资源，让所吸收来的顾客，以各种各样的消费模式，心甘情愿地为自己宣传，为自己打工。

砍价助力活动是拼多多打造的一款多人参与、多人受益的全新消费玩法。旨在推动粉丝邀请关系网中的好友参与，以团购形式，向卖方谈条件，砍价格。如果项目成功落地，不但自己和朋友能够买到既便宜又实惠的商品，自己还可以在达成消费任务之后，获得拼多多的额外奖励和收益。

该项目的核心是将前端流量的收获和后端交付的高效形成了有效的效率对

接。而商家也可以通过二手交易平台吸引有意向的客户，一边以较低的价格和成本对接砍价同人，一边利用信息差从中赚得相关服务费、运营费、差价盈利等一系列的中间收益。

## 76. 从众商业盈利模式

**有人的地方才有江湖，想要财运旺，就要先把人聚拢过来，收获关注，才能流量变现，运作出滚滚财源。从众心理，使人人都希望与群体欲望保持一致，企业要以此为基础创立新概念，打造新消费，开发新模式，形成群体买单，才能做大生意。**

### ➤ 模式拆解

所谓从众商业盈利模式，就是利用消费者的从众心理打造全新的商业运营策略，一边在社交环境中营造氛围，一边利用群体在相互影响中与大多数人保持一致的消费欲望。这需要场景的锻造、模式的认同、情怀的铺垫、文化的渗透。具体来说，不但要吸引客户，还要让客户信任品牌；不但要提升销量，还要进一步提升客户认同，维系品牌与客户之间的忠诚效应。

从众起初也许是小众参与、小众认同，但只要打造出了自己的观点、文化、概念，就能够拿捏时尚，构造出以产品为核心的全新消费模式和生活模式。企业要不断提升消费者的需求与情感，助推消费者的情怀，升华消费者的审美，这样才能一边在销售进程中成就爆品，一边悄无声息地用品牌文化引领时尚。

### ➤ 模式落地

（1）制造热门场景。

通过对产品文化的营销，锁定客户群体的需求，打造出富有产品特定气质、满足群体相应心理需求的理念、场景和内容。通过推广，渲染气氛，以最快速度赢得群体关注，收获群体认同，诱导群体消费，激发群体的消费好奇心。最大限度地营造相应的热销场景，铸就人气，聚拢流量，一边催化群体购买效应，一边以限时抢购等火热场景吸引消费眼球，激发他们的参与感和跟从心理。

（2）社交证明。

以全职、兼职的形式招揽社群运营人才，以品牌宣传的名义搭建客户粉丝群体，一边开展促销活动，一边构建人气流量生态圈。这个过程是流量变现的过程，也是流量提现的过程，还是免费宣传的过程，更是打造产品营销生态闭环的扩充过程。届时，产品会在线上线下完成无缝链接，既促进消费，又提升品牌效应，还能坐拥时尚，输出概念，以品牌文化为核心，刺激消费，推动客户转变思路，甚至改变客户的生活习惯和消费模式。

（3）社群营销。

以产品文化为中心，推动顾客参与感，建立品牌社群。在社群中，商家要不断提升客户体验，鼓励客户提出意见，参与产品打造，这样能让产品更符合消费需求，还能培养消费群体对品牌的拥护、忠诚和信赖，并且确保产品销量稳定。

**案例实操**

喜茶作为时尚饮品界的龙头，得到了很多年轻人的追捧，主要得益于其细心勾勒的盈利营销策略。

除了口味极致，店铺设计简约时尚外，在商业盈利手段上，喜茶特别重视对从众心理效应的推动和把握，具体阐述如下。

（1）用排队提高人气。

越是排队，越是有人气，越能勾起别人的好奇。喜茶在上海只是新生品牌，但它对自我时尚的定位，对消费场景的打造，在时尚氛围中的宣传力度，早已征服了一批年轻、时尚、充满活力的消费者。他们愿意为一杯喜茶排很长时间的队，还会一边等待一边拍照发朋友圈。因此，喜茶一炮走红，吸引了不同的客户。

（2）用产品展示人气。

在做足人气上，喜茶也下足了功夫，专门设置了人气菜单，并在场景布置中最明显的位置摆放海报，呈现当月销量最好的几款产品，并标注月销量。这些产品多半都成了消费群体认同和推广的网红产品，这就是最明显的从众效应趋同性。

# 77. 美好经济模式

**如今，古风圈、滑雪圈、遛娃圈、爬宠圈……年轻人“快乐集聚”，获得情感的满足，成为当下人们尤其年轻人愉悦身心的即兴选择。将自我愉悦、提升自身幸福感的消费意愿放在首位，让人们收获美好、快乐的体验，也成了提高销售的不二选择。**

## ➤ 模式拆解

随着经济的发展，人们开始重新审视消费的意义，不再仅仅满足于物质的填充，而是渴望通过消费来丰富精神世界，提高生活质量，以自我提升、个性表达和精神满足为主要目的的“悦己消费”占比逐年上升。

在消费升级的时代下，消费者不仅追求实体产品的功能和性价比，更愿意为自身情绪、产品品质、场景氛围等买单。他们既注重品质，也注重体验；既看重价格，也看重价值。

消费者购买商品，看重的不再是商品的数量多少、质量好坏以及价钱的高低，而是为了一种感情上的自我满足，一种心理上的自我认同。他们会根据自己的喜好和兴趣选择商品和服务，以获得内心的舒适感和愉悦感，反映了人们对美好生活的向往和追求。

“买买买”从来不是目的，“好好活”才是终点，年轻人的这种行为已经成功推动消费市场的多元化和个性化发展，同时也在不断地倒逼商家进行产业升级和创新。企业从这个角度出发，将“快乐”送到消费者跟前，就能收获他们的信任。

## ➤ 模式落地

（1）抓住快乐的本质。每件产品背后都有一个快乐的源泉，不能只瞄准它的功能，要不断地挖掘它所能带来的情感价值。要让消费者看到，这不仅是一件商品，它还能让你的生活变得更好，能让你瞬间感到满足与幸福。

（2）创造情感体验，而不仅是交易。交易的背后是情感体验，消费者并不是只想买东西，更渴望体验商品带来的那份愉悦感。从商品外包装到销售服务，从广告文案到客户体验，都要让消费者感受到：我购买的并不是单纯的一件商品，而是一次愉快的心灵体验。

（3）讲故事，赋予产品情感价值。给消费者讲述一个关于快乐的故事，能让他们在感动的同时，深刻理解商品带来的价值。这种情感共鸣，是任何产品功能和价格都无法替代的。

**案例实操**

有两个发型师，开了一个创意工作室。他们从最常接触的发饰开始做起，凭借对时尚的敏锐触觉和对生活的无限热情，设计出了独特的配饰，逐渐在市场中崭露头角。

他们将目标市场锁定在年轻、活力四溢且对生活充满热情的都市女性群体，弘扬一种积极向上、乐观开朗的生活理念，吸引了一群寻求个性化产品以满足自我表达需求的消费者。

他们深知，想要快速进入市场，就要重视顾客的情绪价值！他们用大胆的设计和乐观的态度，将“贩卖快乐”作为核心价值，大胆配色，俏皮设计，让每一款产品都传递出快乐与乐观，都在表达一种积极的生活态度，很好地满足了消费者的心理需求。

从记录生活点滴的计划本、日记本，到日常不离手的手机壳；从为家居增色的抱枕、水杯，到陪伴运动时光的瑜伽垫，为消费者打造了一个全方位的时尚生活体验空间。

该工作室不仅是在为消费者提供商品，更是在与这一特定消费群体共享一种生活美学，与他们建立起强烈的情感纽带，完美契合了人们对生活品质和个人风格的独特追求。

## 78. 满足欲望模式

**花花世界，欲望无限，商机无限。人的欲望是成就产品塑造、商业盈利的核心要素。只要能勾起人的欲望，企业就将拥有无比广阔的市场。**

### ➤模式拆解

所谓满足欲望，说的是商家在盈利模式进程中，通过激发消费者的购买欲望，打情感牌、愿景牌，激发消费者对产品的热衷和渴求，从而达成销售目的。这种模式的核心，就是要通过满足消费者的心理需求，快速与消费者心中的理想、愿景达成共鸣，这样才能激发消费者心中的购买欲望，打响品牌知名度，有效推动产品规模化的销售。

每个人都有欲望，也有前行的目标。如果企业能生产出对标消费者内心向往情结的产品，以更简便、轻松、直接、快捷的方式帮助消费者实现理想，就能催化消费者的欲望，让消费者产生购买的期待和渴求，从而把产品兑现为经济价值。

### ➤模式落地

（1）情感营销。

即通过讲述一个关于产品的鲜活故事，精心打造使用场景，提升用户评价，积极与消费者在互动过程中达成共鸣，从而推广品牌故事，塑造消费者与产品之间的共振情怀，更好地推动销售延展，达成由内容衍生出的商业机遇和营销任务。

（2）社交影响。

借力社交媒体、网红、意见领袖的宣传影响力，以更接地气、更亲切的方式向顾客展示产品的使用效果，建立与用户的亲密互动，提升用户评价，催化用户的购买需求，不但可以增强产品的可信度和吸引力，还能维系客户关系，收获用户反馈，提升客户的购买欲望，与客户之间建立更完美的消费关系。

（3）限时优惠。

设计限时折扣、限时抢购活动，通过多渠道营销手段，营造消费紧迫感，激发客户的购买热情。这种策略主要利用了消费者对产品一见倾心，又担心打折机会瞬间失去的紧迫感，从而激发客户的购买冲动，达成销售目的。

（4）会员制度和积分奖励。

建立相应的会员制度和积分奖励，不但能让消费者在消费过程中产生尊崇感，而且能进一步在相应的促销活动中，鼓励消费者重复购买的热情，以朋友的方式推荐消费者购买更多能够助力他们兑现心中愿景、享受美好生活的产品。这样能增进与消费者的感情，稳固消费群体，还能在与消费者互动的过程中达成消费目标，升华品牌产品在群体中的影响力。

**案例实操**

当“roseonly”成功完成了 1.9 亿元的 C 轮融资后在鲜花市场领域创造了一个令人惊叹的销售神话。

“roseonly”在品位经营上始终坚守两大概念原则：第一，选用上等的厄瓜多尔玫瑰；第二，坚持“一生只送一人”的购买规则。它在客户群体中构成了一种信念：谁为爱人购买“roseonly”，谁便是要与爱人终身不渝。

为此，“roseonly”对产品实施玫瑰注册制，在第一次购买成交后，企业将会认定收礼对象为唯一收礼人，终身不能改变。在选择“roseonly”后，吴奇隆和刘诗诗的婚礼用六架直升机空运了 50 万枝玫瑰，以此表达彼此之间爱情忠贞坚定和执子之手与子偕老的决心。

如今，“roseonly”成为爱情的见证，是全球顶级婚礼大师不可缺少的设计元素，象征着爱的永恒、爱的专一、爱的忠贞。

毫无疑问，“roseonly”拿捏了情人心中对爱情的渴求，对情感专一的向往，以品牌文化帮助情人们解决了恋爱间的重大冲突，又选定了与之标配的玫瑰产品，放大了情人之间的渴爱欲望。

## 79. 谷子经济模式

**起初运作的种子衍生出谷子产品，在内容创意间不断运作，不但能够无负担地渲染产品 IP，还能在操作进程中衍生出多元化活动、多元化商业运作、多元化产品设计和更丰富的内容产出。**

### ➤模式拆解

什么是谷子？它更像是一粒种子，存续在构思者的思绪中，化作内容的锻造，以小说、漫画、游戏、电影等内容创意为基础，结合内容角色在大众中的影响力，衍生出源源不断的产品、需求，一边作用于消费，一边潜移默化地改变客户的思想、生活、观念和行为。

谷子经济是一种新兴的消费现象，围绕二次元的虚拟内容，打造出具有鲜活气质的 IP 形象。它形式多样，产品品类丰富，每一款衍生产品都在市场上达到了较大规模的经济体量，激发了消费者对角色故事的留恋，促使消费者购买，所带来的盈利是惊人的。

### ➤ 模式落地

（1）提供情绪价值。

谷子是基于内容 IP 衍生出来的周边产品，虽然物质真实价值有限，但其内容衍生出的情绪价值却超乎想象。例如，文创产品不但内核间夹杂了购买者对故事角色深厚的感情，还能激发消费者的共鸣，进一步推动原始内容 IP 产品在顾客间得到广泛认同和传播。

（2）明确朋友圈层。

在盈利模式的运作中，谷子产品能渲染出玩家与玩家、顾客与顾客之间的群体社交反应。不同的人佩戴着同款谷子产品，很可能是爱好、审美、看待问题的角度、方式相似。这激发了商家在营销上的运作灵感，促使商家利用活动引发话题，促进交流，提升顾客与产品之间的亲密联结，且更大范围促进消费，打造营销红利生态链。

（3）产业链各环节盈利升级。

作为内容，以及打造内容角色 IP 的授权方，可以通过授权与商家一起打造相应的谷子产品，完成生产、销售、市场运营等各个环节，以有形或者无形的方式作用于谷子商品市场的繁荣。这样既能保障产品销量，也能提升大众对 IP 内容的认同感和用户感，持续产出相应价值。

想要达成这个目的，商家要以更创新的设计、研发步骤，进一步提升谷子产品在市场中的吸引力，为此产出更多关于 IP 的活动和内容，并通过规模效应降低成本，获得更多盈利。

**案例实操**

在著名漫画游戏《原神》发布的“山水相逢”系列海报中，“魈”和“蓝砚”以其特有的故事情节、IP 形象，走入贵州山川、村寨，巧妙地融合场景，以自我 IP 的虚拟角色形象融入山水，引发玩家热议。“山水相逢”相关合作主题的海报，更是以空前的宣传力度呈现在北京、上海、贵阳等七座城市的户外大屏上，引发玩家空前响应。

贵州丹寨县的苗族绣娘杨阿妹将《原神》角色刺绣在精美银饰上，她没想到这款价值 398 元的“璃月银戒”会在东京漫展上一度被疯抢，短短 48 小时，2000 件产品便售罄，带动当地非遗工坊季度营收暴涨 240%。毫无疑问，这场由二次元驱动的商业革命，正在以它特有的方式改写县域经济盈利运作的底层逻辑。

# 80. 萌系经济模式

**人们渴望追忆童年，向往天真与纯粹，对可爱新鲜的事物欲罢不能，所以当把生活的小浪漫、小情结融入产品设计，商业盈利就会很自然地融入消费场景，在促进销量的同时，无形地作用于人们的生活和信念。商家也在内容产出的作用下，创造出源源不断的商机。**

### ➤ 模式拆解

所谓萌系经济，就是在一些可爱、梦幻、清纯的场景、形象和事物上做文章，满足顾客对这些设计元素的喜爱、向往和需求，一边进行顾客精准定位，一边从内容、产品、服务上搭建商业体系；一边广泛应用于商业市场，吸引特定消费群体；一边谋得特定消费群体的注意、青睐，激发他们对品牌产品的购物欲望和需求。

卖萌，企业要以萌动、清纯、可爱的形象吸引消费者的眼球，使他们对产品、内容、角色产生情绪感应、情怀共振、欲望冲动，这样才能满足消费者对萌系产品的渴望，诠释品牌价值，在与消费者互动时大力推广衍生出来的产品，随着内容输出、故事效应的延展，使其备受瞩目，价值最大化。

### ➤ 模式落地

（1）情感营销。

萌系产品的衍生设计，多半都是基于虚拟角色在前期故事内容渲染上，已经具备了一定的商业运作价值。这样衍生品才能引发大众青睐，得到广泛认同和追捧，激发大众对可爱产品的渴求欲和保护欲，作出购买行为。

（2）IP 联名合作。

很多商家在设计故事情节和角色的过程中，会将不同的角色设置在与之相匹配的经典故事里。如果品牌商愿意，就可以在特定的活动中，让这些热门的 IP 人物同台演绎，在顾客眼前制造出别具一格的新鲜感。总之，商家通过故事的延展、内容的创造，可以推出各色全新的限量版产品，激发消费者的购买欲。

（3）多功能设计。

对于萌系产品设计而言，单纯好看，能诠释出的购买价值势必是有限的。如果商家能够在看到商机后，既加入萌系情怀，又诠释出其多功能性，那么就能调动起消费者的购买热情。

例如，小小的一款唇彩既诠释出卡通小动物甜美的虚拟设计，又在唇彩效应之外，添加了腮红功能，这样多样化的产品设计能够给消费者带来更新奇、更愉快的购物体验。

**案例实操**

现在很多小朋友都听说过皮卡丘的名字，皮卡丘特别的萌，在影视作品的故事情节中也特别可爱，甚至有些成年人都说，工作累了一整天，回家看看皮卡丘，整个心情就会变得特别好。

假如此时的你愿意花费时间到大型电商平台上输入“皮卡丘”的名字，就会发现其相关的萌系产品会如潮涌般五花八门地向你涌来。

电影《大侦探皮卡丘》成功上映，单日便坐稳冠军票房长达 10 多天，其间的票房收益也突破了 5 个亿。相关大数据显示，在过去的 20 多年里，以皮卡丘为代表的 Pokemon（宠物小精灵）产品版权方通过产品售卖、衍生授权等，累计收入已经超过了 900 亿美元，位列整个影视动漫游戏类卡通形象 IP 榜首。

“萌系经济”是由“萌文化”衍生而来的。借助互联网平台，“萌文化”相关的消费已经席卷全球，成为很多商家心中最具盈利效果的商业参考模式之一。

## 81. 社恐经济模式

**对于社恐型消费者，一旦被过度热情引发社交恐惧，就只想赶紧溜。面对消费群体对私人领地的概念，商家要与他们保持刚刚好的距离。**

### ➤ 模式拆解

那些具有社恐情结的消费者最在意两件事：第一，拥有自由、私密的消费场景。第二，在消费场景中，让对方保持自己所能接受的人与人之间的“边界感”。

眼下，社恐型消费者越来越多，商家要投其所好，结合社恐群体的心理诉求，调整产品设计和服务方式。一边努力与购物群体增进友好关系，一边尊重他们信念中的“边界感”。

### ➤ 模式落地

（1）产品和服务创新。

为了降低社恐人群在购物中的焦虑感，很多商家在经过一系列心理数据分析后，调整了店面的服务模式和方式，既给予客户宽泛自由的购物空间，又周到体贴地提供其所需要的帮助和服务。这种“独处友好”的服务态度，让客户在体验到共情和理解后，以更自在、更自由的心态体验消费。

（2）社群运营和用户黏性。

为了消除“社恐群体”进店购物的尴尬性和紧张性，很多商家针对客户的产品需求、服务需求，打造了品牌产品的专属社群。这样不但能够增强与客户的互动黏性，还能保护顾客的隐私，满足客户的购物习惯和需求，从而提升了品牌精准客户的纯度。

（3）直播带货和知识分享。

商家可以利用直播平台进行带货推广，既宣传了产品品质，又在某种程度上尊重了购买者自我边界感的诉求。在这个虚拟空间中，除了达成购物，还可以帮助客户收获关于产品内置性能的更多信息，增进对产品的了解，从而增强品牌与消费者之间的购买黏性。

**案例实操**

在《脱口秀大会 5》上有一个火爆一时的故事，一个名叫邱瑞的年轻人，吐槽了这样一段自己的社恐经历。“我们这些社恐的人，最害怕的就是去某底捞，硕大的一个火锅店，怎么就容不下一个空杯子呢？”这段话既搞笑又实在，可谓道出了众多社恐消费者的心声。

或许是基于类似原因，海底捞最近有了新的动作，他们为此专门推出了一项社恐服务，把等位区分成了 e 区和 i 区，让有不同消费体验需求的顾客，都能获得属于自己的用餐存在感、归属感和喜悦感。

当然，除此之外，海底捞还曾推出过一项“请勿打扰”的服务项目。如果消费者不愿意体验海底捞保姆式的进店关怀，就可以放上这张“请勿打扰”台卡。这时服务员就会知趣地只上菜，清理盘子，尽量不去打扰顾客，只是更好地完成手头的基本工作就好了。这样一来，顾客就在海底捞多了一种选择性，想不被打扰也行，想享受热情服务也行。既不会觉得自己被轻视，也不会再因为服务员过于热心的服务而焦虑了。

## 82. 多巴胺经济模式

**想让产品备受青睐，企业至少要让消费者拥有不错的购买体验。倘若消费者能在产品中找到快乐，拥有快乐，制造快乐，实现快乐，那么你所赋予产品的多巴胺内涵，便会成就你的财富。**

### ➤模式拆解

时下很多人过得都很辛苦，承受着各种压力，在这种社会气氛下，如何找到生命的幸福，延续心中的快乐，成为当下大众最渴望也最关注的问题。

从购物体验来说，购买商品能够获得满足体验，收获快乐，暂时缓解紧张和压力。如果商家能将这种幸福体验升华，在产品中加入个性、娱乐、自主创造和参与的元素，更能增进客户对品牌产品的感情，催化客户的忠诚，提升客户二次购买、循环消费的可能。这种经济模式的核心，就是通过触发客户的多巴胺，提升客户的快乐感和喜悦感，激发客户重复购买的欲望，推动产品连带价值，促进产品销售业绩的提升。

### ➤模式落地

（1）触发客户的“多巴胺”。

多巴胺会在大脑中形成快乐激素，商家要将品牌文化和产品体验融入其中，一边催化顾客购物的快乐体验，一边在延续快乐感的同时，与客户建立更亲密的联结，延续客户对产品的渴求和欲望，甚至只要想起产品，客户就会产生元气满满的幸福感和体验感，实现重复消费。

（2）无感植入。

商家要通过一款小商品，锁定顾客的一抹情怀或回忆，以客户认同的特有方式，强化客户记忆中美好的感觉，再将其与眼前的商品紧密联系起来。如此，客户会重复购买产品，以使他的心中记忆不灭，情怀依旧。

（3）人格、场景关联。

幸福感基于人格呈现，因此，每个人对幸福都有自己的定义。商家要准确把握客户需求的内容，将幸福感呈现在产品中，让客户在体验购买的同时感到喜悦和满足。这种内在充实幸福的体验，对于客户来说弥足珍贵，值得反复消费和体验。

**案例实操**

2022 年，国际权威色彩机构 Pantone 正式发布了 2023 年春夏的十大流行颜色，在国内外经典时尚品牌间引发了强烈反响，很多大型时尚秀场都结合这些色彩元素，设计出艳丽夺人、绚烂如花的“多巴胺穿搭”。出人意料的是，次年，这一时尚风潮在国内带火了名为“白昼小熊”的网红穿搭博主。

2023 年 4 月中旬，“白昼小熊”在抖音账号上发布了第一条“多巴胺穿搭”视频作品，在广角拍摄下，五套装扮，每一套都色彩鲜明且艳丽，风格可爱甜美。该博主在展示的过程中脸上始终带着少女充满活力且清新的笑容，背景音乐明快时尚，一经推出便吸引了广大网友的关注。这条视频直接火了，抖音点赞量超过 350 万次，网友们戏称她是“行走的 QQ 秀”，被她诠释出来的鲜活和快乐打动。

接下来的一个月，“白昼小熊”一共发布了 8 条“多巴胺穿搭”视频，抖音账号播放量超过 5 亿次，小红书平台上每篇作品的点赞量都超过 10 万次。在这种活跃快乐因子的催化下，“白昼小熊”账号在抖音单月涨粉 250 万，小红书单月涨粉 50 万，在潮服穿搭界一炮走红，可想而知她收益巨大。

# 万物互联篇

## 不投流不烧钱，流量自动上门

# 83. 知识付费模式

**知识就是力量，知识就是财富。在移动互联网时代，你要把经验变成“可变现的知识”，实现经济效益的最大化。**

## ➤ 模式拆解

在知识大爆炸的今天，互联网被称为“免费的午餐”，只可惜海量信息之中真正有价值的东西少之又少，这就为知识付费模式的出现创造了可能。知识付费，主要指知识的接收者为阅览知识所付出的资金的现象，即掌握专业知识、信息或技能者，将资源进行组织和包装，通过互联网售卖给有需求的人。

对于学习者而言，知识付费能够打破地域限制，快速掌握某个领域的核心技能、一手资讯和人脉资源，这大大节省了他们的时间和精力，帮助他们增强职场竞争力，有利于职业发展。

对于知识生产者而言，有些课程只需要一次性录制，就可以长期售卖，正可谓一本万利。在获得经济效益的同时，他们还可以自由选择工作的时间和地点，平衡生活和工作。

对于第三方平台而言，通过知识付费不仅能吸引更多专业的人才，提高整体服务质量，还能获得新的盈利渠道，提升行业竞争力。

由此可见，知识付费模式对于参与的三方都有利，发展潜力巨大。

## ➤ 模式落地

如今，知识付费行业已经进入稳定发展阶段，竞争越来越激烈。采用知识付费模式时，我们需要熟练掌握以下四种方法和技巧，才能提升成功变现的概率。

第一，做好定位。明确和精准的定位是知识付费成功的关键。精准定位，知识创作者才能从一众竞争者中脱颖而出，提升竞争力：明确目标受众，才能根据受众的需求和喜好创作出更合适的知识和内容。

首先，要了解自己的长处。比如，擅长摄影的人对短视频的拍摄、剪辑有一定的了解，那么不妨录制一系列摄影教程，供给那些喜好摄影但缺乏专业知识的人购买。其次，可以采用纵向思考法。例如，创作短视频需要撰写文案、拍摄、剪辑等，只要你擅长其中一项，就可以参与该项的垂直内容创作，轻松分得一杯羹。最后，还可以使用连线思考法，即把你会的东西写在九宫格里，进行连线。比如，你的主业是语文教师，副业是写作，那么你可以推出儿童写作教学课程。

第二，创作优质的内容。在创作内容之前，先根据定位选择合适的内容表现形式。通常来讲，图片、文字、视频、音频是内容的四种基础形态，我们可以根据具体的内容和特定的目标用户选择合适的表现形式。比如，表现热门内容可以采用“图片 + 声音 + 文字”的形式，降低用户接收信息的门槛。

确定好合适的表现形式之后，我们要根据目标用户的需求创作出受欢迎的内容。通常来说，优质的内容需要为用户提供价值，如情绪价值、认知价值、时间价值等。另外，创作的内容还需要有一定的逻辑和可信度，才能提升内容的质感，让用户买单。在创作之前，我们可以找竞争对手“取经”，以增强内容的吸引力。

第三，选好变现模式。知识付费的变现方式多种多样，具体可分为付费内容、付费会员、广告变现、私人指导、直播付费等，每种方式各有利弊，要根据实际情况自行选择。

第四，获取流量。在拥有知识类产品后，下一步就是搞流量，否则没人会关注产品。首先，要争取公域流量；其次，要经营私域流量，做好拉新、留存、付费、裂变等工作，争取产生经济效益。

**案例实操**

罗振宇创办了得到 App，刚开始通过公众微信号做推广，获得了大量优质的种子用户。后来，凭借精准的市场定位和深刻敏锐的用户洞察能力，相继推出了付费专栏、大师课、精品课、每天听本书等高质量的服务内容，吸引了一些追求个人成长和提升的用户，满足了他们“碎片化学习”和“深入输入”的需求，促成了成交。

这个赛道的竞争对手很多，为了在同质化的知识付费市场上争取到更多用户，罗振宇还特意邀请行业内顶尖学者参与内容创作，显著提升了内容的专业性和吸引力，在知识付费领域获得了更加稳固的地位。短短五年，它的月度活跃用户数超过 350 万人，累计注册用户达到 2135 万人，变现能力大得惊人。

# 84. 打赏变现模式

**打赏变现模式是一种通过用户自愿打赏来获取收入的商业模式。这种模式既可以提升用户的参与感，也能为企业提供额外的收入来源。**

## ➤ 模式拆解

打赏变现模式是一种新型的盈利模式，通过向内容创作者或提供者给予小额奖励来支持其创作，后来逐渐在网络平台和内容分享领域得到应用。企业要想通过这种模式变现，需要有一定的粉丝基础，同时能提供高质量的内容。

## ➤ 模式落地

通常来讲，不同的平台有不同的打赏机制和分成比例，大家在利用打赏变现时，应了解并遵守所在平台的规定，同时要做好以下工作。

（1）提供优质的内容或者服务。

优质的内容或者服务是获得用户打赏的重要前提，否则既无法触动用户的情绪，也无法激发起用户打赏的意愿。聪明的商家懂得优化自己的直播内容，创新直播的形式，给用户耳目一新的感觉，实现打赏变现。

（2）明确打赏的场景。

打赏的场景并不仅仅局限于直播间。我们可以通过文章、视频或者音频获得用户的打赏，也可以通过在社交平台上发布优质的评论和帖子获得打赏，还可以通过玩游戏获得打赏。

（3）设计合适的打赏机制。

企业需要为用户提供便捷的打赏方式，这样才能降低其行动的难度。大家还可以在直播时设置打赏排行榜、打赏回馈等激励机制，增强互动的趣味性，激发用户的竞争心理，提高其打赏的意愿。

（4）做好与用户的情感联结。

在直播时，要多与用户真诚互动，认真回答提问，使用户感到被重视；适度分享个人的经历或感受，通过接地气的故事消除彼此的陌生感，拉近心理距离；通过粉丝群和社交媒体多多与用户互动，才能赢得用户的信任和好感；每次收到用户的打赏之后，记得真诚感谢他们，获得他们的认可和好感。

（5）塑造好品牌形象。

品牌形象的好坏关系到用户的信任度、认同感和付费意愿。聪明的运营者懂得从品牌定位出发，打造独特的品牌形象，从竞争者中脱颖而出，并且迅速拉近与用户之间的关系。在塑造自我形象时，一定要保持真实性和一致性，避免过度包装，否则会给用户留下虚假的印象。

**案例实操**

一家花店在情人节开启直播，邀请知名的花艺师展示了精彩绝伦的花艺制作表演。很多用户被花艺师精湛的技艺折服，主动打赏。此外，花店还设置了多个互动环节，通过多次抽奖活动，让直播间的氛围变得热烈活跃。等到调动起用户的积极性后，花店还通过打赏排行榜，进一步刺激用户在直播间献上礼物。就这样，花店实现了打赏的翻番增长。除了直播打赏，还有几种打赏案例值得我们研究学习。

知乎 Live 是知乎平台上的付费内容服务，用户可以通过打赏的方式支持自己喜欢的主讲人。这种模式激励了主讲人提供更高质量的内容，也让用户有机会通过打赏来表达自己对内容的认可。

虎扑体育：虎扑体育是中国知名的体育社区，用户可以通过打赏来支持自己喜欢的内容创作者。虎扑体育通过打赏模式，激励了用户参与内容创作，提高了社区的活跃度。

Twitch 是全球最大的游戏直播平台之一，观众可以通过打赏的方式支持自己喜欢的主播。这种模式激励了主播提供更多吸引人的内容，也增加了观众的参与度。

# 85. 推广变现模式

**推广变现是一种通过分享和推广资源来实现盈利的策略。企业老板们在采用这个模式盈利时，要不断优化推广内容和渠道，有效地将用户流量转化为实际的经济收益。**

### ➤ 模式拆解

对于企业而言，推广和宣传至关重要。如果企业缺乏有效的推广策略，那么就很难吸引更多的潜在用户，很难扩大市场份额，更不利于提高自身的变现能力。

明智的企业领路人懂得采用推广变现的模式为企业赋能，即通过推广活动将产品、服务或内容转化为现金。这种模式的核心在于通过推广活动吸引用户关注，促进销售增长，实现流量变现。

### ➤ 模式落地

（1）巧妙借助社交媒体的力量。

品牌产品的宣传和推广离不开社交媒体的助力。借助社交媒体，企业可以传递自身的品牌理念，与目标客户建立联系，增强用户对品牌和产品的认可度，实现盈利的目的。

如今网络社交媒体非常发达，企业需要根据自身的品牌定位、目标受众、行业趋势等因素综合判断，选定平台。

（2）与 KOL 展开合作推广。

KOL（关键意见领袖）是指拥有更多、更准确的产品信息，且为相关群体所接受或信任，并对该群体的购买行为有较大影响力的人。企业与 KOL 合作，可借助 KOL 的粉丝基础和影响力，借助 KOL 发表观点、分享经验或展示专业知识，推广产品和品牌，吸引更多潜在客户。

（3）善于抓紧某些特定的节点。

节日营销是企业实现品牌曝光和销售转化的有效手段。老板们要把握双十一、6·18 等大型促销节日，举办限时折扣或促销活动，推广产品和服务，刺激用户的购买欲望，快速实现变现的目的。

（4）开拓线上渠道。

如今是互联网时代，作为企业的掌舵者，老板们需要建立电商平台、自建官网等线上渠道销售产品，以此打破地域限制，扩大销售范围。也可以利用短视频平台直播带货，增强与客户的互动，促进企业的整体业务增长。

（5）建立品牌社群。

社群是口碑传播的温床，品牌可以借助社群加强与用户的互动，获得用户的好感和信任，引导用户口碑传播，赢得更多的关注；还要定期在社群内举办活动、分享行业知识，以此提升用户的忠诚度。

（6）发展跨境电商业务。

跨境电商推广服务能够帮助企业在目标市场建立品牌形象，提高品牌知名度，吸引更多消费者。聪明的老板懂得借助 AI 和自动化工具，如 DeepSeek 等，将产品直接销售给全球消费者，提高企业的竞争力。

**案例实操**

美国知名内饰品牌 AWE INSPIRED 曾与著名的演员朱莉娅·福克斯合作。在合作期间，该品牌将朱莉娅·福克斯的肖像作为“女神”雕刻在联名款项链上，并将该产品售出的所有收入捐赠给朱莉娅·福克斯关注的慈善机构。因为朱莉娅·福克斯的大量女性拥护者正是 AWE INSPIRED 的目标受众，所以这次联名推广让该品牌精准收获了一大批优质用户。

另外，由于朱莉娅·福克斯具有强大的影响力和号召力，所以这次合作推广活动让 AWE INSPIRED 进入了众多媒体的视线，品牌影响力得到了最大范围的扩展，品牌理念更加深入人心，其产品的转化率和市场占有率均得到了极大提升，当年销售额突破上千万美元。

# 86.“社交 + 种草”模式

**“社交 + 种草”模式通过真实、互动、精准营销和情感联结等优势，大大提升了用户对品牌的信任度和忠诚度，提升了产品的转化率。**

## ➤ 模式拆解

种草本义为一种人工养殖草的方式，在网络上表示“分享推荐某一商品的优秀品质，以激发他人购买欲望”的行为，或自己根据外界信息，对某事物产生体验或拥有欲望的过程。“社交 + 种草”模式则是一种将社交互动与产品种草相结合的营销方式，即企业通过分享、推荐和引导，将产品、品牌或潮流趋势传播给消费者，从而激发消费者的购买欲望，最终成功达成盈利的目的。

这种盈利模式最大的优势在于真实性强、传播率高。在社交媒体种草的过程中，推荐者真实的使用感受，比传统的广告更真实、更接地气，更容易获得潜在消费者的信任。另外，种草不仅是单向的推广，用户还可通过评论、弹幕、分享等方式参与社交讨论，这种互动性大大提高了用户的参与度，也进一步扩大了品牌和产品的传播范围。此外，种草内容带有极强的场景化，能够深度影响用户，很容易引发消费者的共鸣和购买欲。

## ➤ 模式落地

克劳锐的数据报告显示：如今 67.8% 的用户认为，线上种草内容对选择商品并最终购买有很大影响；61% 的用户倾向于信任明星自用的好物推荐；80% 的用户会在种草后一周内完成购买。由此可见，“社交 + 种草”模式具有很强的变现潜力。

（1）深入了解目标用户。

品牌要想把产品深深植入用户的心中，要深入了解目标用户的兴趣、需求和行为习惯，并且进行详细的调研和分析，才能创作出有吸引力的种草内容，精准猜中目标用户的痛点，促进成交。

（2）创作优质的种草内容。

首先，好的种草视频必须用紧凑、精练的文案，尽可能地展示出产品独特的卖点和优势。其次，种草视频既要富有吸引力，也要确保其生动、有趣，或者有价值。另外，创作种草内容时还要注重视频的画面、音效、配乐、标题等要素，给用户带来良好的视觉和听觉效果。

（3）根据社交平台的特点制定种草的内容。

不同社交平台有不同的优势，比如短视频平台偏向娱乐化，电商平台面对着一些带有消费目的的用户。不同的渠道有不同的特点，种草内容要根据平台的具体情况加以调整。另外，企业要想拦截更多的目标用户，最好多平台布局内容，覆盖的内容类型越多，获得用户的可能性就越大。

（4）合作推广，扩大曝光范围。

随着内容平台受众和创作者的大众化和多元化，垂直领域的“腰部”和初级达人在消费者中越来越受欢迎。品牌可以与意见领袖或影响力用户合作，借助他们的粉丝基础，将产品推荐给更广泛的受众群体。

**案例实操**

吸尘界的龙头品牌之一莱克吉米曾与多个网红合作。其中，家居博主点子姐在社交账号上发布了一个“除螨仪现场实测”的视频。在视频的开始，她展示了这款除螨仪使用之前的效果——尘杯里呈现出干干净净的状态。接着，她用这款除螨仪把家里主卧、次卧的床挨个儿清理了一遍。最后，她打开除螨仪，用户可以看见这款仪器里塞满了灰尘和碎屑。从除螨仪使用前后的对比中，大家感受到这款产品的强大吸力和重要作用。

为了加强用户对这款产品的好感度，点子姐还特意把这款产品拆开，并做了详细的介绍：超宽的吸口可以高效快捷地将一张大床清理干净；复合滚刷不会缠住人和动物的毛发；尘杯全身都可以水洗，后期非常好打理……

在整个种草的过程中，她没有强硬地吹捧，而是将整个产品的使用过程详细记录下来。视频结束以后，很多人都被种草成功了，该品牌借助社交和种草的模式提升了产品的销量。

# 87. 流量盈利模式

**移动互联网时代，流量就是力量，用户就是“上帝”；掌握了流量，你就有了用户；而有了用户，你就有可能拥有一切。流量意味着体量，体量则意味着分量；用户聚焦之处，金钱必将随之。**

## ➤ 模式拆解

流量盈利模式是指企业通过吸引和转化流量来获得收益的方式。这种盈利模式的核心在于如何将虚拟的流量转化为真实的收入。企业若是懂得运用流量策略，那么不仅能优化用户体验，增加用户黏性，还能为自身带来持续的收入。

## ➤ 模式落地

在移动互联网时代，流量等同于金钱，谁能充分挖掘流量的价值，谁就能快速赚取一笔不菲的收益。

（1）优化自身内容。

优质的内容是实现流量盈利的基础。企业要优化网站、电商平台、社交媒体等内容，提升用户的体验感，才有可能获得大量流量，实现流量盈利。

（2）实现流量细分。

要想获得更好的经济效益，企业可以根据用户的属性、行为、兴趣等不同维度对流量进行细分，准确了解用户需求，进行精准营销和个性化推荐。最终，收获良好的营销效果和转化率。

（3）选择多种流量盈利模式。

第一，广告收入。广告收入包括多种形式，如展示广告、搜索广告、视频广告等，企业可以根据广告的点击量、曝光量或转化率等指标进行计费。

第二，佣金抽成。平台聚集了买家和卖家，要给双方提供联系的机会。当卖家和买家达成某种合作时，平台即可从中抽取分成。

第三，增值服务。一些平台会给用户提供增值服务，以此获得收入。当用户普遍接受了“花钱买服务”的观念，平台获取收益就会更轻松。

第四，内容付费。通过提供高质量的内容或服务，吸引用户付费观看或下载相关内容，如在线课程、电子书等。

第五，电商变现。企业还可以在自己的平台上开设店铺，将流量转化为销售额。

总之，不同的盈利模式有不同的优势，企业应根据自身情况灵活选择和组合，以实现最佳盈利效果。

**案例实操**

众所周知，知乎是一个网络问答社区和原创内容平台。最初，它以问答业务为基础，后来经过近十年的发展，已经成长为综合性内容平台，截至2024年10月，知乎的月活跃用户数已经达到8480万+。

这家平台依靠高质量的内容获得巨大流量之后，便开启了流量变现之路。

首先，它采用了知识付费模式。用户通过它里面的付费类目，如知乎Live、知乎圆桌、大咖私家课、知乎读书会等获得新知，而知乎也依靠这些高质量的内容获得了很高的经济效益。

其次，知乎还为用户提供了一系列增值服务。比如，会员用户可享受更多特权和服务，创作者通过带货可以获得佣金，它在给用户提供好处和便利的同时，自己也享受到一定比例的分成。

最后，知乎还通过向用户推荐相关广告来获得收入等。总之，如今的知乎已经依靠巨大的流量成功开启了多元化的盈利模式。

# 88. 网络效应模式

**没有网络效应的品牌就没有市场竞争力。企业应该及早理解和利用网络效应，这样才能抢占优势，获得更好的发展之路。**

### ➤ 模式拆解

网络效应是以色列经济学家奥兹·夏伊（Oz Shy）在《网络产业经济学》中提出的概念。它是指产品价值会随购买这种产品及其兼容产品的消费者的数量增加而增加。简言之。当企业的用户数量增加时，其产品和服务价值也会随着用户的增加而增加。

### ➤模式落地

美国硅谷连续创业者、企业咨询师及投资人詹姆斯·科里尔曾经做过一项调查，结果显示网络效应对科技公司价值创建的贡献率甚至达到了 70%。可见，网络效应对于企业的发展有多么重要。聪明的老板会通过以下几个举措，创造自己的网络效应。

（1）抢占先机之前要把握好临界点。

大多数拥有网络效应的产品只有达到临界点，才能享受到该效益带来的红利。这里的临界点指的是网络产生的价值超过产品本身和竞争对手产品的点。这个点产生的时间不能一概而论，所以企业在追求增长时，必须谨慎评估其产品或商业模式的潜力，确保它们能够达到临界点并触发网络效应，否则仅仅依靠烧钱来扩大规模有可能陷入财务困境。

（2）找到超级节点，驱动网络快速形成。

人类社会的每个网络都有超级节点，指一个领域里有特殊权利、社交能力或者资源的人，他们不仅能把你的信息传播出去，还具有天然的吸引力，能快速把人圈在一起，加速网络的形成。企业需要积极寻找并连接这些超级节点，利用他们的影响力吸引更多用户。

（3）找到连接的理由。

你可以构建一个资源联盟，为大家提供一系列免费的服务或产品，这样用户就有了连接的理由，从而更愿意与你组建的网络产生紧密联系。

（4）利用技术和手段促进连接。

在了解用户的兴趣和行为习惯的前提下，企业可以通过算法推荐系统为用户推荐可能感兴趣的人或内容，让网络上的节点更好地产生连接；还可以组织一些线上或线下活动，让大家有机会相互交流，分享经验，以此增强用户之间的连接。

**案例实操**

新浪微博在成立之初功能不够完善，用户体验感也很差，但是因为在市面上独一无二，所以注册使用的人数呈现几何级数增长。四个月里，它就获得了 5000 万用户。第二年，用户量甚至飙升到 5000 万。后来，搜狐和腾讯捕捉到商机，推出了类似产品，但是两者的注册人数和影响力远远不及新浪。

这正是网络效应的作用。随着新浪微博的用户越来越多，该产品对每个用户的价值越来越大，即使后来出现了更好用的平替软件，用户也会因为朋友都在新浪微博上而不愿意离开。

微信也是一个典型的例子。当你的微信好友数量达到一定规模时，你们之间形成了一张复杂的关系网。即使有一天你决定换用另一个社交软件，也可能会因为大部分朋友都在微信上，而不得不重新回到微信。

同样，PayPal、微软、Facebook、Uber、Twitter、Salesforce 这些全世界最有影响力最突出的公司都有一个共同点，就是网络效应。简单来说，用户越多，产品或服务就越有价值；反之亦然，产品或服务越有价值，用户数量也会不断增加，形成一种正反馈循环。网络效应会导致一种“赢家通吃”的现象。用户越多，产品或服务就越有价值，而一旦突破某个临界点，最终会占据绝大部分市场份额。这就是为什么在某些领域，领先者几乎无法被超越。

# 89. 付费墙模式

**付费墙模式旨在通过限制访问来获取收益。在使用这个模式盈利时，企业一定要保障内容的价值和独特性，否则无法吸引读者，更无法获得可观的经济收益。**

### ➤ 模式拆解

美国《华尔街日报》网站率先设立了付费墙，将不订阅报纸的潜在读者挡在墙外。后来，付费墙泛指对在线内容实行付费阅读，为网上的内容设立收费门槛的现象。付费墙分为“硬付费墙”和“软付费墙”两种类型。硬付费墙指所有内容都处于付费墙的内部，读者无法直接访问；软付费墙则允许部分内容免费，同时提供多种付费模式，如计量式付费、分类式付费和分离式付费。企业采用这一模式既能够提升用户体验，筛选出高质量的用户，同时还能提升盈利能力，更好地维持后续发展。

### ➤ 模式落地

付费墙模式虽然可以帮助企业获得一定收入，但是也存在一些潜在的挑战和风险，稍微操作不慎就可能导致一部分对免费内容有较大需求的用户流失。

（1）内容。

付费墙模式成功的关键在于提供高质量、有深度的内容。企业只有保障内容的专业性和独特性，用户才会心甘情愿地为之买单。

（2）用户和市场。

在开启付费墙模式之前，一定要做好用户调研、数据分析的工作，以确保对目标用户群体的需求和偏好有深入了解。同时，还要关注市场动态和趋势，分析同行业竞争对手的付费墙策略，了解他们的定价、内容质量、用户反馈等情况。

（3）品牌建设。

建立强大的品牌认知度是实施付费墙模式的重要前提。目标用户如果对企业不认可，或者根本没有听说过品牌的名称，那么其付费的概率会很低。

（4）技术。

企业还需要拥有强大的技术支持，即拥有稳定的服务器、安全的支付系统、便捷的用户界面等，这样才能确保付费墙的安全性和易用性。另外，还要遵守法律法规，确保用户数据安全。

（5）付费模式。

企业可为用户提供多种付费模式，如单篇付费、月订阅、年订阅等，以满足其不同的需求和预算；制定的价格要合理，不能让用户感到不值得；还可以考虑为用户提供优惠活动或折扣，吸引用户关注。总之，选择付费模式要谨慎，以此平衡自身收益和用户需求之间的关系，从而确保自身的付费墙模式能够持续进行。

**案例实操**

美国《纽约时报》是付费墙盈利的典型案例。随着互联网逐渐出现在大众的视野里，《纽约时报》尝试将内容制作成电子版放到网上，吸引用户订阅，却因为当时网络订阅的用户很少而宣告失败。

后来，互联网泡沫破灭，《纽约时报》重新尝试这一盈利模式，即允许用户查看一定数量的文章，超过规定数量后则需要付费订阅。这种模式不限定文章类型，只限定文章数量。通过运用这种计量付费模式，《纽约时报》筛选出真正对其内容感兴趣的高质量用户，收入得到明显增加。

# 90. MCN化运营模式

**MCN 化运营是一种新的网红经济运作模式，其核心在于将零散的内容创作者、品牌和消费者进行连接，形成一个协同工作的内容生态圈。**

### ➤ 模式拆解

MCN 意为多频道网络。MCN 运营指多频道网络的运营模式。这种模式将不同类型和内容的 PGC( 专业生产内容 ) 联合起来，在资本的有力支持下，保障内容的持续输出，最终实现商业的稳定变现。

### ➤ 模式落地

目前，我国的 MCN 整体市场规模已达百亿级，产业链条非常完善，变现方式多种多样。据相关的机构估算，2025 年 MCN 行业的市场规模将达 743 亿元。

（1）签约与培养创作者。

MCN 机构需要与一些优秀的创作者签约，建立合作关系，并负责管理创作者的创作账号。这样可以借助创作者庞大的粉丝量为自身带来稳定的流量和收益，还可以通过提供专业的培训、策划和推广等方式自主培养创作者，提高品牌的知名度，实现创作者和 MCN 机构的共同利益。

（2）内容制作和推广。

MCN 机构需要组建一支专业的内容运营团队，为创作者提供专业的内容制作指导和资源支持，提升创作质量，并吸引更多粉丝。同时，机构还可以利用自身的渠道和资源帮助创作者获得更多流量，从而增加品牌的曝光度和影响力。

（3）商业合作与变现。

MCN 机构的商务部会对接广告主，为广告主提供公司旗下各个博主的资料。同时，该机构还会根据各个广告主的需求将推广任务分配给不同的博主。总之，MCN 机构需要全程协助创作者与品牌、商家，以确保商业合作顺利进行。

（4）IP 授权和周边产品开发。

对于具有强大 IP 资源的 MCN 机构，可以通过高质量的内容生产打造高质量的 IP，再通过 IP 授权、周边产品开发等实现商业价值变现。当然，也可以将 IP 授权给其他企业进行合作开发，从而获得授权费用和分成收入。

**案例实操**

新居网是一家家居头部 MCN 机构，旗下有多个知名播主，如 4000 万 + 粉丝的设计师阿爽、1200 万 + 粉丝的 wuli 设计姐。该机构与这些创作者保持密切的合作关系，帮助规划创作的内容和方向，提供创作灵感，制订发布计划等。当然，该机构也借助这些有名气的签约作者获得了源源不断的流量和收益。

除此之外，新居网 MCN 还开启了电商带货的征程，以年框带货、专场带货、坑位带货、切片和橱窗带货等形式，为品牌提供了品销合一的直播带货服务，获得了很大成功。

在品牌营销方面，新居网 MCN 的主要业务包括品牌广告、活动营销、视频种草、直播种草四个板块。

最后，该机构还为品牌提供一些领先的数字化营销和获客服务，如 O2O 引流、IP 孵化培训等。总之，这个头部机构依靠以上种种业务实现了经济利益的最大化。

## 91. 短视频 + 直播带货模式

**短视频 + 直播是这个时代最大的红利，让很多互联网人都尝到了甜头，使越来越多的个人和企业加入了短视频 + 直播的大军。**

### ➤ 模式拆解

短视频 + 直播带货模式，是一种新兴的电子商务营销策略，它结合了短视频的创意表达和直播的即时互动性，以此推动商品的销售。如今，短视频带货异常火爆，企业可以借助这种模式提高商品曝光率，提高品牌的知名度，建立忠诚的粉丝群，获得巨额的经济收益。

### ➤ 模式落地

（1）直播前的准备。

只有事先做好充分的准备，直播时才能临危不乱，井然有序。否则，直播带货的效果将会大打折扣。聪明的运营者通常会在企业的账号主页添加直播预告的通知，给用户设置贴心的提醒，还会在直播前三五天发布一些预告视频，穿插将要直播的信息等，并且在开播前进行测试，确保网速、设备、直播间功能等正常。

（2）创新直播形式。

为了吸引用户的眼球，企业需要创新直播形式，比如，场景化直播、户外直播等。另外，还可以设置抽奖、红包等趣味性玩法，激发用户的参与热情；用一些引导性的话术促使用户关注、点赞、评论、购买，增加直播的人气，刺激用户转化，盘活直播的数据。

（3）做好直播的复盘和跟进。

直播结束之后，企业要及时复盘整场直播的全过程，根据监测到的数据，分析用户行为、市场趋势，为后续的营销策略调整提供依据；按时为用户兑现奖品，确保下单的货物及时发出；将直播的内容制作成图文、音频、短视频等后分发到各种平台做引流等。这些后续工作缺一不可，才能确保直播效果最大化。

**案例实操**

某珠宝品牌在直播之前，借助董事长的人设快速起号；在直播刚开的两个小时内，批量上架了价值 9 元的首饰品。有了这个引流款做牵引，该珠宝品牌的直播间涌进了一大批潜在用户。在直播的过程中，销售人员继续利用福袋引导用户点赞、关注、评论，彻底点燃了直播间的氛围，吸引了大量人气。

在开播后的五小时，这家珠宝品牌送走了羊毛党，趁热打铁推出了高客单价的商品，因为此时留在直播间的都是购买意愿强且有一定经济实力的用户，顺利达成了 100 万元的销售额。直播结束后，他们还将直播的片段批量剪辑下来，定时发到短视频平台上，最终在短视频 + 直播的双重作用力下，在短短 30 天内涨粉 44 万，并且获得了 1.15 亿元的亮眼战绩。

# 新电商篇

## 玩法变了，电商平台的打法也变了

# 92. 消费增值模式

**任何商业模式都有底层逻辑，而就消费而言，如何在无形运作下有效地将业绩增值，如何在给消费者带来额外实惠的同时，进一步促进消费收获盈利就成了电商运作技巧中备受瞩目的课题。企业应该有效地调整服务跟进模式，将消费模式与投资模式紧密连接起来，这种经过巧妙设计的蜕变在压缩成本的同时，将会为企业带来无限商机和收益，既提高利润，也增强客户群落的稳定性。**

### ➤ 模式拆解

新电商消费增值模式是时下最有效、最高效、提升销售业绩最快的电商盈利增值模式。其核心是通过消费者的消费行为，以产品营销的方式，与之产生更近距离的接触，一边为消费者提供相应额外价值的增值服务，一边进一步作用于消费者的消费理念，将原本的单一消费，向更长远、更丰富的战略性投资属性延展，使客户既是产品的消费者，又是品牌的投资人。这种身份的变更，不但能够改变客户对于产品消费的认识，而且能够稳定经营好与客户之间的关系，引发客户群体效应，为建立自身消费生态闭环打下更坚实的基础。

### ➤ 模式落地

（1）积分赠送机制。

消费者在电商购买平台产品后，会获得相应的积分奖励，积分不但能促进消费者重复消费，还能在价值叠加的过程中，以产品利润的形式，提升盈利收益，在总盈利池托底的循序作用下，将资本滚雪球式地叠加，一边促进消费，一边提升整体盈利的增值效益。

（2）积分增长模型。

随着新用户的不断加入，重叠性的消费会让盈利池中的资金不断叠加，这时积分的总量会呈现相对减少的态势，但客户手中的每一个积分都具备流通和兑现功能，这不但能有效推动积分的单边价值上扬，还能在利率折算间，对数字价值加以定义和设计，以便于在增进消费的同时，牢牢把握产品销售和兑换的主动权。

（3）积分提现回流机制。

当用户想兑换积分、提现和相应消费时，平台会收取相应比例的手续费，在一进一出之间把相关费用回流到总盈利池中。这样不但可以推动积分价格的上涨，还能加快手续费回流，积少成多就是一笔不菲的盈利收益。

**案例实操**

某国内女性护肤品牌，为了回笼资金，优化客户消费体系，该品牌在线上的电商门店销售进程中，采用了消费增值模式思路。

例如，有位客户在电商平台店铺买了一份价值 1000 元的保养品，平台将其中的 300 元放入分红流量池。如果此时每个绿色积分的价值为 1，那么品牌所铸造的让利金额的 70%，也就是 210 个积分，就会根据真实的现金兑换比例，呈现出价格 1 比 1 的状态，平台会自动赠送给用户 210 个绿色积分。这时，分红流量池中的总金额是 300 元，除去赠送的 210 个绿色积分，每个绿色积分的价值是 1.43 元。

另一个用户再次购买了 1000 元的产品，因此平台再次将 300 元放入分红流量池，仍然铸造让利金额 70%，返给顾客 210 个积分。前一个用户购买后每个积分的价值是 1.43 元，后一个用户将获得的积分数量是 210/1.43=147 个积分。此时，分红流量池中已经囤积了 600 元，铸造的积分总计 357 个，将 600 元分红除以 357 个绿色积分，所得出的每个绿色积分价值为 1.68 元。

随着越来越多的用户购买产品，积分的总价值从之前的 1 元增加到后来的 1.68 元，以这样的趋势不断叠加，当平台完成 20 笔交易时，每个积分的价值会上升到 3.21 元。在积分升值作用下，电商积累的真实利润只看数字就已经很香了。

# 93. 虚拟商品模式

**在虚拟的空间，用真金白银购买虚拟的商品，不需要送货，不需要实物，只需要打开虚拟商品购物平台，你喜欢的东西就会如微信秒回般进入你的世界。这里面蕴含的商业逻辑是无中生有，它在无形中压缩了成本，只需要简单的操作流程和简单的销售体系，令人惊叹赚钱如此容易！**

## ➤ 模式拆解

现在很多新电商用户都在开展“无中生有”的小生意，只需要注册店铺，设置虚拟小空间，在上面出售编排好的一系列虚拟商品，就能一边坐等盈利，一边亲和客户。很多商家看准机遇，在虚拟商铺精心选品，精心运作，年收益高达百万的比比皆是。

所谓虚拟商品模式，是围绕着虚拟商品展开的，这些商品包括但不限于课程、检索服务、游戏装备、电子书、卡券等一系列虚拟产品交易项目。这些商品具有成本低、可复制、无须囤货、物流归零等众多消费优势，其衍生出的虚拟商品新玩法近年来发展迅猛，成为很多商家争相参与和尝试的新型创业项目。

## ➤ 模式落地

高利润率和低成本。

虚拟商品低成本、高收益率的消费呈现，对于那些本身就具备一定虚拟产品运作资源的商家来说，无疑具有很强的吸引力、创新力和可运作机遇。

（2）自动化运营。

在进行虚拟产品运作时，电商可以利用相应的自动化工具，快速优化地降低运营成本，简化运作流程，一旦店铺运营稳定，即便是产品销售、客服互动这些环节，也可以绑定机器人程序自动化完成，这样不但极大地降低了人力成本，而且能够提升销量和盈利收益。

（3）多样化产品。

虚拟商品种类繁多，只需要商家通过网盘等方式快速兑现用户的产品购买需求，它不但降低了运作成本，还在多样化产品运作的进程中，节省了时间成本，这样商家就可以将注意力集中在虚拟产品的选品、运作及品牌精准客户群体的潜心维护上。

**案例实操**

如今，拼多多虚拟电商将虚拟店铺消费做到了极致，只需要通过虚拟方式就能完成消费。很多店铺之所以选择拼多多这个虚拟电商平台，主要是因为拼多多建立了特有的电商平台运营逻辑。整体来看，其所具备的优秀特质主要有以下几个方面。

第一，门槛低，不压货，不囤货。一份产品，N 次出货，成本几乎为零，且只需要交 1000 元保证金就可以在拼多多上开店，既不需要办理营业执照，也不需要进行其他烦琐的代办流程。这样的低成本创业，肯定会引发顾客尝试的冲动，毕竟只要有几千块钱的流动资金就可以做生意了。

第二，操作简单，不管是开店、选品、上架、优化，还是接待出单，一系列的流程操作既轻松又简单，只要一台电脑、一部手机，便能轻松搞定，发货也实现了自动化运转。老板每天的工作只是选品上架，简单回复买家询问而已。

第三，见效快。商品上架后，三天内就能看到订单利润，即使运作一般，一个月也有两三千元的毛利。如果运作好，月入破万也是可能的。

第四，可复制。当第一个店铺稳定运营，便可以在平台上连续开两家或是更多家店铺。就产品和经营运作本身而言，一切都是可复制的，一个人的信息能开三家店铺，即便是批量化的店铺操作，只要用心经营就不成问题。

有了这样良好的虚拟商品电商平台交易体系，经过平台底层逻辑体系的搭建和运作，每个人都可以用最简单、最有效率的方式解决自己的需求问题。拼多多作为平台的主人，自然也收获了多元化运作的毛利，其盈利速度之快，只需稍微算算就可见一斑了。

# 94. 盲盒电商模式

**每个人心中都有一个未知，它代表着人们对于未知的憧憬和渴望；它填补了生命的些许遗憾，充实于幸福满满的收获。出于对人性猎奇心理的洞察和了解，盲盒电商模式在顾客的广泛认同和接受下应运而生。盲盒电商模式如此火爆，主要是因为拿捏了顾客对于未知事物的好奇和期许啊！**

## ➤ 模式拆解

盲盒电商模式是一种集购物、娱乐、社交于一体的新型电商盈利模式，顾客会在猎奇心的作用下购买盒子中随机编排的产品，带着浓厚的趣味心和期待感，收获不一样的购物体验，寻觅到常规购物不曾给予的那份期待感、仪式感和快意感！

眼下最热门、最畅销的盲盒销售模式，即通过一个简单精致的小盒子，给顾客带来惊喜和满足。其本质是满足人性猎奇感的电商销售模式，如今已经得到了大众消费者广泛的认同和接受。这种随机发放产品的购物模式，既降低了配送方面的成本，又在满足顾客期待的同时，极大程度地提升了购物的趣味性，铸就了顾客满怀期待的消费体验。

## ➤ 模式落地

（1）随机消费体验与社交裂变。

盲盒电商可以通过随机消费体验和社交流量裂变的创意模式，将不确定性中蕴含的期待感、猎奇感发挥到极致，一边渲染未知，一边开启活动，以不确定性为主题进一步地刺激顾客，让顾客为不可预见的未知买单。

（2）商品设定与购买流程。

商家会设定一系列的盲盒商品，每个盲盒都包含着不确定的商品种类，数量和价值比例也是不同的。消费者可以通过电商平台购买盲盒，并支付相应的费用。这样就可以在收到盲盒之后，打开一份不确定的惊喜。当平台鼓励消费者分享盲盒的照片和心中的感想时，不但进一步落实了品牌推广，还在盲盒效应的社群互动中提升了粉丝活性，更大范围地锁定了精准客户。

（3）积分与奖励机制。

在平台允许的前提下，很多盲盒电商引入了积分系统和抽奖机制，这样消费者就可以在完成购买和分享等一系列行为后，享受平台给予的积分福利，并且用积分兑换更多免费抽取盲盒的机会。如此一来，不但有效激发了客户重复消费的冲动，还有效提升了产品销售业绩，增强了平台与用户之间的互动黏性。

**案例实操**

著名玩具品牌泡泡玛特对营销概念的理解是：“营销，就是为顾客创造情绪价值，并取得顾客回报。”

想要为客户提供情绪价值，关键在于让客户产生参与产品活动的情绪冲动。泡泡玛特是这样运作的：首先，降低入门门槛。谁都买得起几十块钱一个的盲盒。其次，在诸多不确定性中，有意识地渗入一些确定性元素。例如，购买就一定会有收获，兑现心中的期待。再次，泡泡玛特特别注意盲盒开启进程中的游戏感，将购买盲盒的全过程设计为一场顾客可以自由掌控的游戏博弈，有些时候开启是惊喜，有些时候则稍微差了点运气，但一切都是可以接受的，一切都在融入未知的那一刻充满了期待感和趣味感。

在泡泡玛特的线下店，经常有人在购买盲盒后疯狂地摇盒子，以期望通过声音晃动更精准地判断出里面装的是不是自己喜欢的玩具。但不管结果如何，顾客永远都会有一种“就差了那么一点点”的感觉，因此下一次继续努力，一边冲动购物，一边在游戏博弈中寻求安慰。

所有上瘾行为的基础都是调动人体本身的快乐酬赏系统，不可否认，购买盲盒很容易上瘾。这是泡泡玛特在消费心理学方面的成功，也是会员对盲盒的复购率能长期保持在 58% 的原因。

# 95. 众店模式

**电商平台与实体店是截然不同的两个概念。实体店铺经营的产品有限，但电商平台接纳的新鲜事物却是无限的。众人之店，意味着众店之巅，在虚拟的空间中，成就自己与他人无限的商机和憧憬。当所有人都感到满意，平台当然会赚得盆满钵满！**

## ➤ 模式拆解

对于平台而言，每个人的体验就是平台的机遇，每个人的成功就是平台的财富，每个人的裂变都会化作平台空前的口碑，使平台发展壮大，给予每个人的越来越多。

众店模式是一种适应于电商的创新商业模式，它融合了线上线下不同的购物体验，结合社交电商元素与O2O精准运营模式策略，通过独特的积分玩法、免单机制，渲染商业氛围，提升品牌影响力，为消费者和商家缔造出前所未有的购物体验和商业机遇。

## ➤ 模式落地

（1）直营商城和品牌商城。

所谓直营商城，提供的是自主性的全品类商品和配套服务。而作为平台的品牌商城，则汇聚了众多知名品牌商家一起做生意。这两种形式可以共存，互相影响，互相参与，既提升了品牌的权威性和信誉度，又在多样化进展中满足了自身多样性、全面性的发展需要，一边吸引大批高质量的用户，一边提升自我核心竞争力；一边支持加盟电商，一边全心打造自主品牌，正所谓两手都要抓，两手都要硬。

（2）积分激励机制。

在平台消费过程中，消费者能够获得平台赠送的积分，这些积分可以通过AI算法自动转化为消费券，直接用于后续消费，具备等额的现金价值。这样做能够促成消费者在平台重复消费的购物循环，也进一步锁定了精准客户。

（3）线上线下融合。

众店模式，不仅存在于线上，而且是一种具有线上线下综合消费功能的购物体验，消费者可以在线上下单后，到线下的实体店亲自体验商品，也可以在实体店选购商品后，选择平台线上物流的方式，直接将商品配送到家。

**案例实操**

在电商领域，比那多超市作为自营商超品牌，因特有的电商模式运作体系打法，受到大众的关注和喜爱。在运作的过程中，它不仅快速实现了流量变现，还在提升销售业绩的同时，吸引了大量精准客户。

比那多是一款“我店生活”的综合性消费平台，它将购物设置为积分专享制，其可投入的范围涵盖了“吃喝玩乐游购娱”等各个方面的生活服务，不但为消费者提供了全方位的便利，还在扩充品类的同时，赚得了更多盈利的机会和可能。

此外，比那多还采用异业联盟商圈模式设计，将不同的商业主体结合在一起，资源共享，形成了更为广大的合作利益共同体。一边源源不断地创造利润，一边实现了与各类商家、平台和消费者的多方共赢和协作。

最重要的是，比那多特别开启了平台社交电商功能，通过各大社交渠道，更大范围内地对店内品类商品进行推荐、购物分享，并且及时公布冠军品类销售排行榜中的产品。它让每个用户都成为品牌的传播点，以低价甚至无偿的广告营销模式，升华企业口碑，在流量裂变中吸引到更多青睐和认同自己的消费群体。

这种为消费者提供便捷、舒适、个性化购物体验的平台服务，渐渐提升了比那多与同行业竞争的核心优势，一边引领消费新风尚，一边改变顾客的消费观念，在满足顾客消费需求的同时，悄无声息地改变着顾客的生活。

# 96. 一件代发模式

**采用“一件代发”模式，即商家无须库存商品，只要直接将订单和物流信息转交供应商，供应商就会将商品直接快递给客户。该模式凭借其低库存压力、轻资产运营等特点，受到众多经营者青睐。**

## ➤ 模式拆解

“一件代发”是指卖家将供应商的产品“搬运”到自家平台，买家在平台下单后，卖家将订单和装运细节给上游供应商。之后，供应商就会将货物直接发送给买家。卖家赚取的是批发价和零售价之间的差价。

不同于传统零售模式，代理者先采购备货再对客销售。在这个模式中，代理者不需要采购备货库存，主要任务是进行市场推销；顾客下单后，代理者就能向供应商进行采购下单，然后由供应商将商品直接发到消费者手上。简言之，代理者只要处理顾客订单、提供客服服务即可，所有的库存和寄送工作都由供应商来完成。

一件代发的优势主要体现几个方面。

（1）降低库存成本。代理者不用自建仓储、无须支付仓储费用、不用管理库存，可以规避商品滞销积压的风险。

（2）轻资产运营。供应商可以将更多精力聚焦在产品设计与营销上，减少在固定资产投资方面的压力。

（3）快速试错。实现小批量生产，减少决策失误带来的风险。

（4）全球市场覆盖。借助平台的物流网络，快速拓展国际市场。

一件代发模式确实为企业在供应链减负、降本增效方面提供了新的思路和解决方案。在市场环境日益复杂多变的今天，勇于尝试新的供应链模式，也能为企业打开新的发展局面。

## ➤ 模式落地

下面，我们就对一件代发模式进行简单拆解。

第一步，供应商将货源发布到“货源平台”，如 1688。

第二步，代理者对货源进行“选品”，分析和挑选那些有较大机会在市场形成“爆品”的商品。之后，采集这些商品的素材（标题、图片、文案等），并上传到自己的网店，进行上架，顾客购物时就能查看到这些商品。

第三步，顾客购买商品并支付后，代理者会收到一笔“销售订单”和“销售金额”。

第四步，代理者前往货源平台寻找供应商，完成“一件代发采购单”下单和“采购金额”支付。

第五步，供应商收到代理者下的采购单后，将商品打包直接从仓库发往顾客收货地址（代理者下采购单时，即将顾客收货地址填写至采购收货地址）。商品包裹直接从供应商到顾客端而履约，中间不需要经过卖家处理。

**案例实操**

山东人李某大学毕业后，到广西北海工作。该地区一直有腌制海鸭咸蛋的传统，经过烘烤的蛋黄散发出浓浓的咸香，让李某十分钟情，也令她嗅到了商机。

后来，凭借一台电脑、一部手机，李某开始在家里创业。2019 年，她的咸蛋开始走俏网络，一天的销量从原来的几十枚、100 枚，扩大到了 1000 枚蛋，三四个月后规模达到了每天 8000 枚蛋。

2022 年，当地越来越多的人涉足电商行业推广本地特产，李某的咸蛋一时间成了网红爆款，销量直线上升。在产量有限的情况下，她想到的“一件代发”，替经销商发货，自己负责发货的快递费、包装费，且一件订单也可以发货，发货信息都填成经销商的个人信息。

这种方式为李某拉来了很多经销商，她的发货量很快就从 500 多单迅速增长到了 5000 多单，年销售额达到 1500 多万元。

# 97. 即时零售模式

**等待产品太过煎熬，买东西就要简单，即刻享受，这才是最好的购物体验。商家要及时调整资源，将线上线下调配好，下单即到，才能满足消费者的即时消费体验，在时间上跑赢其他消费者。现货哪怕价格略贵，对消费者而言也更实惠。**

## ➤ 模式拆解

看上一款勾起味蕾的食物，消费者恨不得在下单后半个小时就收到货物，作为当日晚餐，但假如此时发货地与自己相距遥远，那么即使顺丰再快，小哥跑得再卖力，也别想当天就能吃上。假如换个策略，找到线上线下有机结合的购物平台，下单轻松，且能在一个小时内收到想要的货物，即便这种消费体验略微贵，消费者也会秉持即时满足的心态，更愿意选择。

即时零售是新兴的零售商业模式，改变了传统购物方式，重新定义了新型消费者对于购物的消费习惯。它通过线上即时下单，线下即刻履约的新型零售电商配送模式，以零售供给为依托，以满足本地消费者的即时需求为目标，打破了零售行业时间与空间的限制，通过高度整合的线上平台资源，帮助顾客兑现了即时消费的愿景，实现了商品和服务的快速对接和响应。

## ➤ 模式落地

（1）高频流量入口。

所谓即时零售，指的是购物平台通过植入高频消费的相关商品和服务吸引用户，不但能快速激活用户渴望订购的消费迫切心理，还能带动平台其他商品的销售红利。

（2）佣金收入。

即时零售平台通过向入驻商家收取一定佣金的方式，在平台购物体系中将线上线下有效衔接，不但有利于商家提升产品销售业绩，还能吸引更多商家入驻平台，既扩充了平台的货物资源，又赚得了一笔可观的佣金费用。

（3）数据驱动的生态价值。

通过用户行为的大数据分析，不断优化商品种类，提升平台的销售额度，不但能为商家提供精准的客户画像，还能在双向数据赋能的同时，架起商家与客户之间的桥梁。

（4）配送优势。

即时零售平台通过与本地配送资源和服务机构的紧密合作，将线上订单和线下即时送货有效连接在一起，不但为客户提供了更高效的配送服务，而且能最大限度地促进本地商家相关产品的销售业绩，为平台进一步招商引资打下坚实的基础。

**案例实操**

现在，越来越多的连锁零售行业已经不再仅仅满足于入局即时零售，而是迫切想在商品力建设、品牌精细化管理、新业态布局等方面进行深入探索，打造出符合自己品牌特质的个性化盈利模式。

永辉超市面对巨大的转型压力，选择了“线下调改＋线上加码即时零售”的多条腿、多渠道运营操作模式。在多个主流即时零售平台齐头并进的前提下，永辉改变策略，深耕于线上商品销售，不但加强了产品精细化运营，也使自身品牌收获了较高的转化率，不但进一步拓宽了销售渠道，还带来了实体店以外的可观收入。

与永辉超市一样，继正式上线外卖业务后，京东又将目光对准了即时零售赛道，其自营超市京东七鲜时隔半年再次提速。2025 年 3 月 10 日，华尔街见闻从接近京东内部人士处获悉，今年京东七鲜的仓店建设将全面提速换挡，京东七鲜 2025 年 6 月底前将在天津区域新增 20 家仓店，同时北京等区域也有相关布局。这意味着，京东再次加码即时零售业务。自 2024 年下半年，京东七鲜进入发展快车道，先是在北京开出首个前置仓，后又与京东买菜进行融合。如今，京东加速开店步伐，说明公司在供应链和配送效率方面的能力已经有所沉淀。

# 98. 拼购模式

**一个人的购买力太弱，但若将所有的购买力集中起来，以团队的形式跟商家谈价钱，不但买的人得实惠，卖的人也一样赚收益。当下，这种拼团形式在购物平台上得以显现，参与的商家和拼团的客户水涨船高。**

## ➤ 模式拆解

拼购模式将社交电商和拼购玩法紧密结合，这通过更为人性化、多样化的营销手段，将商品的收益，以特定的比例分配给参与的用户，既激发了用户的参与感和分享热情，又促进了产品销售，激发粉丝裂变，全方位地实现了客户与商家、商家与平台的互惠多赢局面。

拼购模式的最核心要义是通过拼团活动，让用户以最低廉的价格购买到最满意的商品。用户参与拼团活动，无论是否中奖，都能获得平台发放的定量收益。这种模式不但能有效激励用户作出购买行为，还能进一步提升产品销售业绩，实现平台流量的正向增长。

## ➤ 模式落地

（1）商品销售利润。

通过相应的拼团活动，用户可以以较为低廉的价格购买到最心仪的商品，商家不但能从中获得利润，还可以将部分利润用于平台补贴、用户奖励，以此吸引更多顾客参与，切实完成自身品牌的流量池裂变，一边锁定精准客户，一边扩大资本红利。

（2）广告收入。

平台可以通过广告收入的形式，进一步升华盈利模式。用户可以在参与拼团活动的过程中，免费为平台进行广告宣传，而平台也可以依照商品品类，为商家进行广告展示，并以此获得一笔可观的盈利收入。

（3）分红积分。

平台可以将部分利润以红利积分的方式分配给相关用户，这样用户就可以在持有红利积分后，积极地融入月底分红的欢庆活动中，既收获了参与感，又收获了额外收入，而平台也可以赚得一笔可观的管理费用。

**案例实操**

一家茶叶销售商在平台上推出了一款价格为 200 元的茶叶拼团活动，平台设置满员开团名额为 10 人，其中 3 人中奖，7 人不中奖。顾客 A 踊跃发起拼团，邀约了 10 位闺中好友参团，假设用户 B、C、D 幸运中奖，就会分别获得价值 200 元的特色绿茶或者等额购物券，同时得到 200 元购物基金、20 个分红积分（200×10%）和 10 元额外购物基金（200×5%）。未中奖的其他用户，其所支付的 200 元款项将被退回支付账户上，并且各斩获 10 元广告奖励（200×5%）。

此外，平台设置了分销奖励中的二级分销级别（一级 1%、二级 0.5%），团队级差奖励（V1 拿 0.5%、V2 拿 1%），区域代理级差奖励（区级拿 0.5%、市级 1%），分销总拨比 3.5%。拼购模式的参与门槛很低，奖励机制丰富，能够完成平台的流量裂变。

# 99. 补贴模式

**补贴，补的是客户，补的是商家，补的是协同合作中的默契，补的是未来可期的循环消费盈利共同体。客户得了实惠，会裂变出新的客户；商家得了实惠，会裂变出新的商家。平台的客源和货源越来越多，在成就循环式消费闭环后收益自然更多。这种消费生态链条下的运作模式，永远带着一抹共赢互利的商业美感。**

## ➤ 模式拆解

补贴模式是一种创新的商业模式，核心在于通过补贴机制，快速而有效地促进用户和商家的活跃度和忠诚度，这样不但能有效推动平台业绩的总体增长，还能在提升用户购买力的同时，降低消费成本，既助力了商家收获流量利润，又开创了平台、商家和用户等多方共赢局面，落实了消费升级、销售增长和平台可持续发展的重要目标。

该模式关键在于通过发放积分和购物券，补贴用户和商家，再结合平台业绩增长的动态调整机制，形成循环式消费闭环，成功引流，构建富有循环特质的商业盈利生态链。

## ➤ 模式落地

（1）积分奖励机制。

在补贴模式的作用下，消费者将会根据每次在平台上消费金额的一定比例，获得一定范围内的积分奖励。这些积分既是消费凭证，也是落实后续消费免单，享受优惠等福利待遇的关键。此外，平台还会根据运营和收益情况，将一部分利润转化为具有现金价值的等量积分，既能催化消费，还能提升积分的增值属性。

（2）分红机制。

平台会根据商家的让利比例，将一部分利润转入分红流量池，每当平台营业额达到一定增值标准时，就会按比例进行分红，并将分红池中的利润以积分或抵扣券的形式，发放给平台的消费者。这种分红机制不仅保障了平台资本的持续增长，而且最大限度地维护了消费者权益。

（3）补贴递增机制。

补贴模式打破了传统补贴机制中越分越少的资本窘境，完成了“越分越多”的商业盈利良性循环。平台永远承诺给予用户不低于上一期数量的补贴额度，能够确保用户持续参与，提升用户的满意度，并促进循环消费，使平台流量和交易额度呈现正向增长。

**案例实操**

“上海我店”最核心的商业模式就是补贴，其商业盈利逻辑在于用补贴的玩法激发用户的购买欲望和参与感。这样能够更快地锁定精准顾客，增进客户与产品之间的黏性。在购买过程中，消费者不仅收获了积分奖励，还能用积分兑换购物券，争取到购物免单的机会。商家也能通过让利行为，获得平台返还的购物券，进而在与用户互惠互利的销售活动中收获较高的收益率。

很多美团商家只能获得有限的经营资格，在进行一万以上单位交易时，所承担的固定抽成只有 20%~25%，赚取大概 3000 元的利润。相比之下，加入众店联盟的商家同样选择线上经营，一万单位的交易仅需承担 20% 的固定抽成，商家能够收获至少 8000 元的收入。有了资本的积累，便可以向顾客让出福利。按回馈顾客 2000 积分算，若顾客以最高五倍兑换比例兑换积分，就可获得一万单位的消费券。如此，商家的利润仍可达 3000 元，相当于一万单位的消费券。若利润达到 5000 元，商家盈利的总计收入则是 1.8 万元的单位数值。扣除 5000 单位的成本，即使顾客的消费为零，商家也能获得 1.3 万元毛利收益呢!

# AI创富篇

## 淘汰你的不是AI，是率先掌握AI的人

# 100. AI大模型

**冲哥说**

**如果说未来属于AI，那么你就要学会驾驭它创造财富，而不是盲从于它。在未来，掌握AI话语权，就能掌控财富。麦肯锡测算，到2030年AI将创造13万亿美元经济价值。**

### ➤模式拆解

AI大模型，指的是具有庞大规模参数和复杂网络结构的机器学习模型，这些模型通过在大规模数据集上进行长时间训练，能够捕捉到数据中的深层次特征和规律，在各种任务上展现出卓越的性能。

2025年春节，人们受到两种新发明的震撼：一是春晚上全身协调跳秧歌、抛手帕的智能机器人；二是能够精准回答任何问题的DeepSeek。这两种新发明都基于AI大模型的核心特点，即巨大的参数数量和复杂的网络架构，所以才能学习和记忆大量信息。可见，善于利用并能够驾驭AI大模型创造财富，是未来必然的趋势。目前主要的AI大模型见表100–1。

表100–1　目前主要的AI大模型

| 类别 | 功能 |
| --- | --- |
| 百度文心一言 | 具备强大的中文理解和生成能力，适用于文本创作、智能问答等多个领域 |
| 科大讯飞的讯飞星火大模型 | 具备文本生成、语言理解、知识问答、逻辑推理、数学能力等多项功能 |
| 智谱清言 | 具备通用问答、多轮对话、创意写作等能力 |
| 字节跳动豆包 | 专注于智能语音交互，提供语音识别、语音合成等服务，具备高准确性和响应速度 |
| 阿里云通义千问 | 具备智能问答、知识检索、文案创作等多模态能力，广泛应用于金融、医疗、教育等领域 |
| OpenAI GPT系列（包括GPT–3和最新的GPT–4） | 具备多模态处理和逻辑推理能力，广泛应用于文本生成、对话系统等场景 |

续表

| 类别 | 功能 |
|---|---|
| Google Gemini系列 | 具备强大的多模态处理能力 |
| 华为盘古大模型 | 覆盖自然语言处理、计算机视觉等多个领域，旨在为各行各业提供智能化解决方案 |

## ➤ 模式落地

AI 大模型因其强大的数据处理和智能分析能力，在多个领域展现出广泛的应用前景。我们来看看 AI 大模型概念思维导图，见图 100-1 所示。

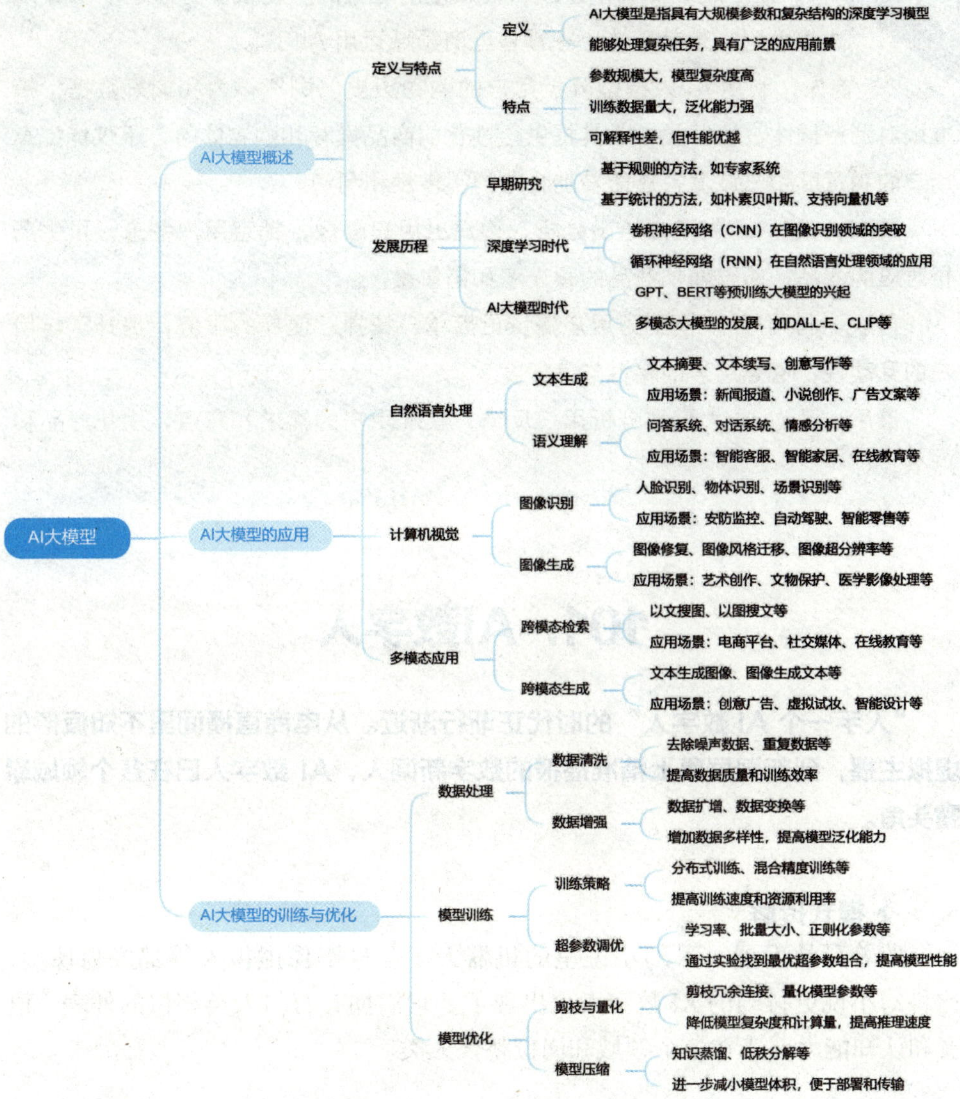


图 100-1　AI 大模型概念思维导图

这些大模型在技术上各具特色，应用领域广泛，推动了人工智能在不同行业的应用和发展。要注意，AI 大模型的落地应用需要综合考虑多个方面，从应用场景的选择到模型的部署与优化，再到安全与隐私保护等，都要进行细致的规划和实施。只有通过科学合理的落地方法，才能充分发挥 AI 大模型的潜力，为企业创造更大的商业价值和社会效益。

**案例实操**

成总经营着一家企业，该企业属于零售行业的头部企业。成总热衷于通过科技赋能产业布局。在很多企业还不了解 AI 大模型时，他就下决心在零售电商领域运用 AI 了。

首先，利用 AI 大模型分析用户的购物历史、浏览行为和偏好数据，精准地对消费群体进行归类，为其提供个性化的商品推荐和购物体验，不仅能提高用户的满意度和忠诚度，还能增加企业的销售额和利润。

其次，根据 AI 大模型给出分析，构建出用户画像，锁定用户需求，再生产相对应的商品，能够增加商品的曝光率和销售量。

再次，利用 AI 大模型为用户提供更简单、快捷、便捷的服务，提升了与用户的互动性，增强用户的黏性与信任度。

最后，通过 AI 大模型分析用户反馈，找准用户的需求和痛点，优化产品和服务。

# 101. AI数字人

**“人手一个 AI 数字人”的时代正渐行渐近。从电商直播间里不知疲倦的虚拟主播，到新闻屏幕上精准播报的数字新闻人，AI 数字人已在各个领域崭露头角。**

### ➤ 模式拆解

随着科技发展，科幻小说里的机器人、全息影像虚拟人等都成为现实，比科幻小说更科幻的 AI 数字人也出现了。它们拥有着与人类相似的外表、语音和认知能力，正在各个领域和岗位替代人类。

为了更系统地了解 AI 数字人，我们来看下面这张思维导图，见图 101-1 所示。

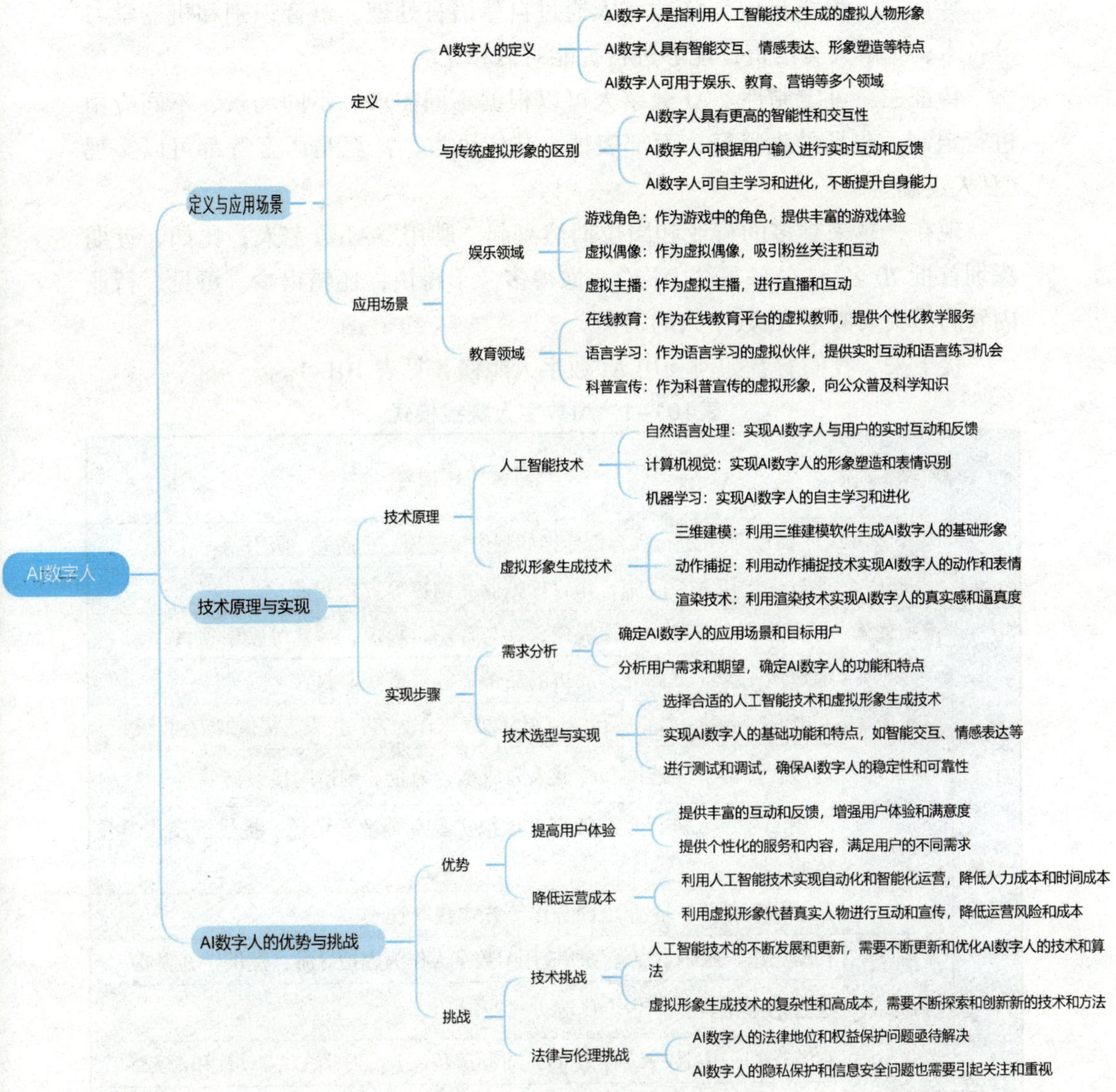


图 101-1　AI 数字人思维导图

目前，AI 数字人技术正从“技术探索”迈向“规模商用”，其核心价值在于降本增效与场景扩展。注意，企业要平衡技术应用与人文关怀，避免盲目追求“替代人类”。

### ➤ 模式落地

我们来了解 AI 数字人的特征：

特征一，高度仿真。AI 数字人与真正的人在外表、动作和表情上高度相似。

特征二，智能互动。AI 数字人通过自然语言处理、语音识别和机器学习等技术，理解人类语言，能够进行智能对话和互动。

特征三，可定制性。AI 数字人可以根据不同需求、不同场景、不同应用进行定制，包括外表特征、面部表情、肢体语言，甚至是语音等都可以实现“私人定制”。

现在，越来越多的行业和岗位悄然兴起“聘用”AI 数字人，比如，近期深圳首批 70 名 AI 公务员“上岗”，懂得多，干得快，还错得少。可见，行业内卷的尽头大概是 AI 数字人的上岗。

接下来，我们看看如何利用 AI 数字人赚钱，见表 101-1。

表101-1　AI数字人赚钱模式

| | 应用范围 | 具体应用内容 |
|---|---|---|
| AI数字人 | 内容创作与直播 | 利用AI数字人进行内容创作，如制作短视频、直播等，吸引粉丝和观众 |
| | | 通过广告植入、品牌合作、虚拟商品销售等方式变现 |
| | 虚拟偶像与娱乐 | 将AI数字人打造为虚拟偶像，参与音乐、影视、综艺等娱乐项目 |
| | | 通过演唱会、见面会、周边商品销售等渠道获取收入 |
| | 客户服务与咨询 | 在电商、金融、教育等行业应用AI数字人作为客户代表，提供24/7在线服务 |
| | | 通过提高客户满意度和降低人力成本，为企业创造间接经济效益 |
| | 教育与培训 | 利用AI数字人进行在线教育、虚拟实验室等教学场景，提供沉浸式学习体验 |
| | | 通过课程销售、企业培训合作等方式获取收入 |
| | 虚拟导游与展览 | 在博物馆、旅游景点等场所应用AI数字人作为虚拟导游，提供导览服务 |
| | | 通过门票销售、广告合作等方式变现 |
| | 游戏与虚拟世界 | 在游戏中应用AI数字人作为NPC（非玩家角色），提升游戏互动性和真实感 |
| | | 通过游戏内购、广告植入等方式获取收入 |
| | 数据分析与预测 | 利用AI数字人的形象作为数据可视化工具，帮助企业进行数据分析、市场预测等 |
| | | 通过提供咨询服务、软件订阅等方式获取收入 |
| | 品牌代言与广告 | 与品牌合作，让AI数字人作为品牌代言人参与广告拍摄和推广活动。 |
| | | 通过广告费、代言费等方式变现 |

利用AI数字人赚钱需要一定的技术基础和资源投入，市场竞争激烈，因此，在制定具体策略时，应充分考虑自身条件和市场环境，制订切实可行的计划并付诸实施。

**案例实操**

专业的高级版AI数字人每年费用是10万元到30万元不等，对于一些中小企业主，这是一笔不小的开销，但如果能充分利用AI数字人，收益将非常可观。

作为“95后”，钱乐为公司创建了一个AI数字人账号，为AI数字人打造了独特的人设，利用社交媒体平台，发布有趣的、充满吸引力的内容，积累了700多万粉丝。目前，公司AI数字人通过广告收入、品牌合作费等方式变现。

除了这个AI代言人，钱乐还定制了专门聊天的AI数字人，主要负责为用户提供情绪价值。如果AI数字人按照服务时长和效果收费，那么每一位AI数字人每个月将为公司带来几万元到几十万元的收入。

# 102. AI智能办公

**节省下来的每一分钱，都是地地道道的纯利润。解放双手，自动生成。通过使用各种AI工具提高工作效率，减少重复劳动，从而将更多时间和精力投入更有价值的工作中。**

## ➤模式拆解

AI智能办公是指利用人工智能技术优化和提高办公效率、协作能力、决策支持等方面的办公模式。这一模式是将传统人工操作转为自动化，从而帮助企业和个人在工作中实现更高效、更智能的操作和管理。

比如，DeepSeek对于任何提问都能通过“深度思考”“互联网搜索”给出答案，帮助我们节省了搜索资料的时间，提高了工作和学习的效率。

由图102-1可以看到，AI智能办公是一种利用AI技术优化和提高办公效率、协作能力和决策支持的新型办公模式，它正在逐渐改变我们的工作方式，推动办公领域的数字化转型。

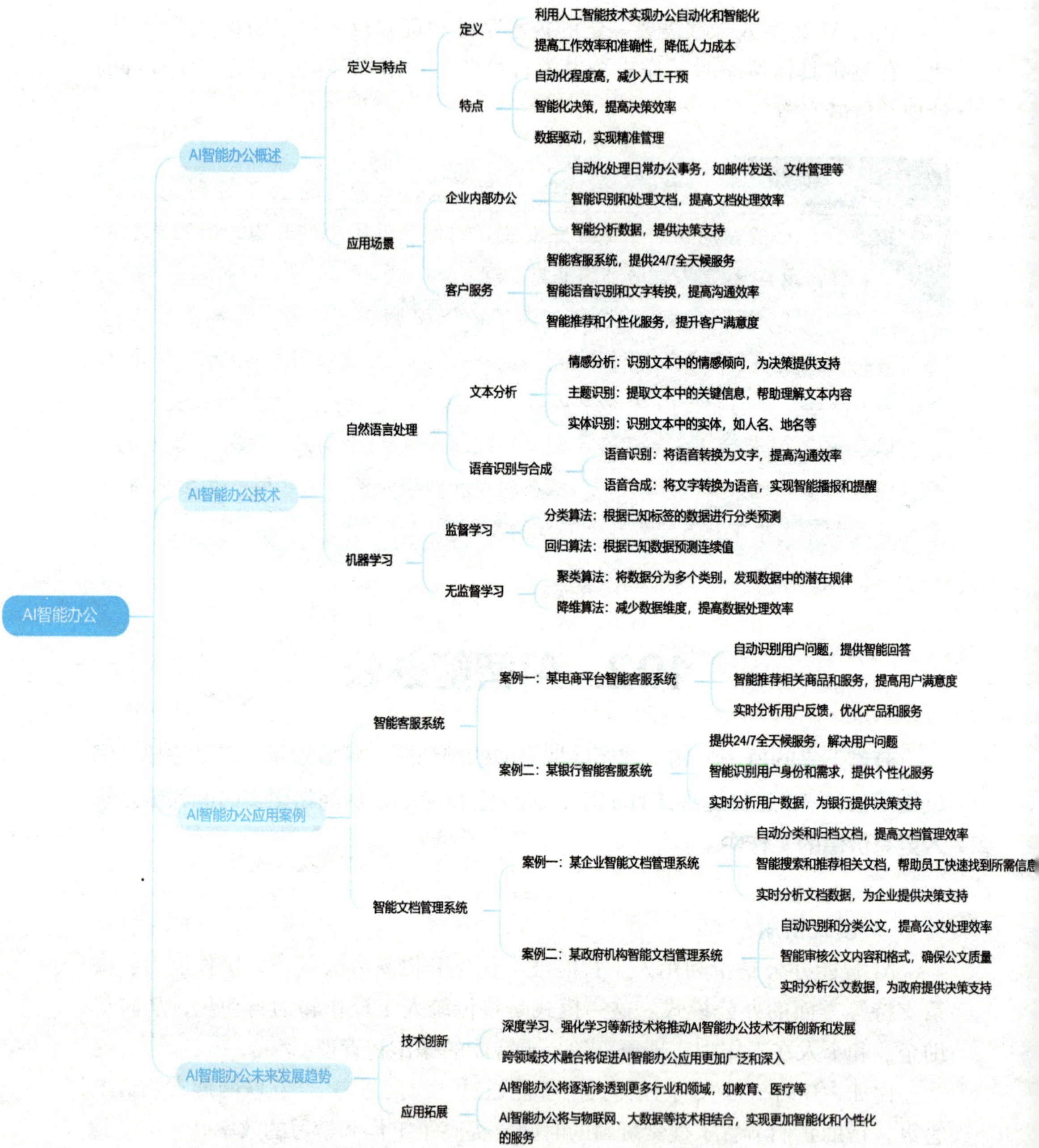


图 102-1　AI 智能办公思维导图

## ➤ 模式落地

我们先要了解目前有哪些主流 AI 智能办公工具与平台，见表 102-1。

表102-1　主流AI智能办公工具与平台

| | 类别 | AI办公工具 | AI工具具体适用范围 |
|---|---|---|---|
| 主流AI智能办公工具与平台 | 综合办公助手 | 豆包 | 抖音旗下工具，集成写作、绘图、语音对话功能，支持免费生成文案与学习辅助 |
| | | WPS AI | 覆盖文档润色、数据分析和PPT生成，嵌入Office生态提高协作效率 |
| | | 360办公助手 | 提供PDF处理、智能写作及教育内容，适配企业复杂文档需求 |
| 主流AI智能办公工具与平台 | 垂直场景工具 | 迅捷AI写作 | 专注语法检查与内容生成，适合快速草拟专业文档 |
| | | 百度AI云盘 | 结合文件管理与AI写周报、PPT大纲生成，提升云端协作效能 |
| | 企业级解决方案 | 商汤LazyLLM框架 | 开源工具支持10行代码搭建RAG应用，降低开发者门槛，推动企业级AI部署 |
| | | DeepSeek政务助手 | 政府系统内嵌的智能写作与校审工具，优化公文流转效率 |

中小企业有效运用 AI 工具提高办公效率，要做到以下五个方面。

（1）明确 AI 智能办公的应用目标。企业管理者要思考想通过 AI 智能办公解决工作中的哪些问题，从而选择适合的 AI 智能办公工具。

（2）优化办公流程与资源配置。企业的有些工作内容非常烦琐，可以利用 AI 智能办公减少冗余环节，提高办公效率。

（3）通过 AI 智能办公强化数据分析与预测能力。企业的销售部门可以通过 AI 分析销售数据，准确地预测销售趋势，优化预算和生产计划等。

（4）提升客户服务体验。企业可以引入 AI 智能办公工具，用于与客户进行交流互动，提供 24/7 不间断的服务。

（5）推动管理与决策的智能化。企业可以在财务管理方面运用 AI 智能办公，实时监测财务状况，预测潜在风险，并提供相应的解决方案。此外，其还可以分析员工数据，为人力资源管理提供科学依据。

**案例实操**

不少企业经营者在与我交流时提出，在公司稳步发展时期，员工习惯性摸鱼，导致很多看似复杂实则简单的工作被一拖再拖。

比如，来自河北的李总，他经营着一家百余人的公司，是一家创办 20 多年已经进入稳定发展期的中型公司。他遇到类似问题之后找我咨询，我给出的建议就是尝试 AI 智能办公，因为这一模式应用于办公场景时具有非常显著的优势。

李总之后对企业进行了一些调整，其中就包括引入了 AI 智能办公工具，通过 AI 文档处理系统，自动识别、分类和提取文档中的关键信息，如发票、合同、报告等。再根据提取信息给出解决方案、合同模板，还对报告中的数据进行深入分析，从而给出趋势预测，为决策提供依据。

通过 AI 智能办公，李总的公司能够更快地处理大量文档，降低了人工成本，同时提高了数据的准确性和及时性。

# 103. AI视频生成

**AI+ 短视频的组合，已经成为当下最赚钱的“王炸”模式。“懒人的创作尽头，就是 AI。”踩住 AI + 短视频这个风口，让写文案、出图片、做视频变得简单。**

## ➤ 模式拆解

AI 视频通常指的是利用人工智能技术生成、编辑或增强的视频内容。如今，很多短视频平台上播放量很高的作品都是 AI 视频。尤其是进入 2025 年以来，AI 视频生成技术迎来爆发式迭代，以 DeepSeek 为代表的开源大模型凭借低成本、高性能的特点，显著降低了创作门槛。即使是普通人，也能通过“抽象创作 + 批量产出”模式快速打造爆款短视频，实现月入 5 万元的变现目标。

图 103-1 展示了从视频创作的初步阶段到后期处理的各个环节，以及相关案例。由此可见，AI 视频生成技术正从“实验室创新”迈向“规模化商用”，其核心价值在于降低创作门槛与提高内容生产效率。

## ➤ 模式落地

2025 年，AI 视频生成技术进入了多模态融合阶段，支持文本、图像、音频等多维输入生成动态视频。例如，生数科技与清华大学联合开发的 Vidu 大模型，可一键生成 16 秒 1080P 高清视频，在人物与场景一致性上表现突出。

其实，视频生成模式的落地是复杂而多维的过程，涉及技术选型、内容创作、流程优化、平台集成、用户体验、合规性等多个方面，可采取以下关键方法。

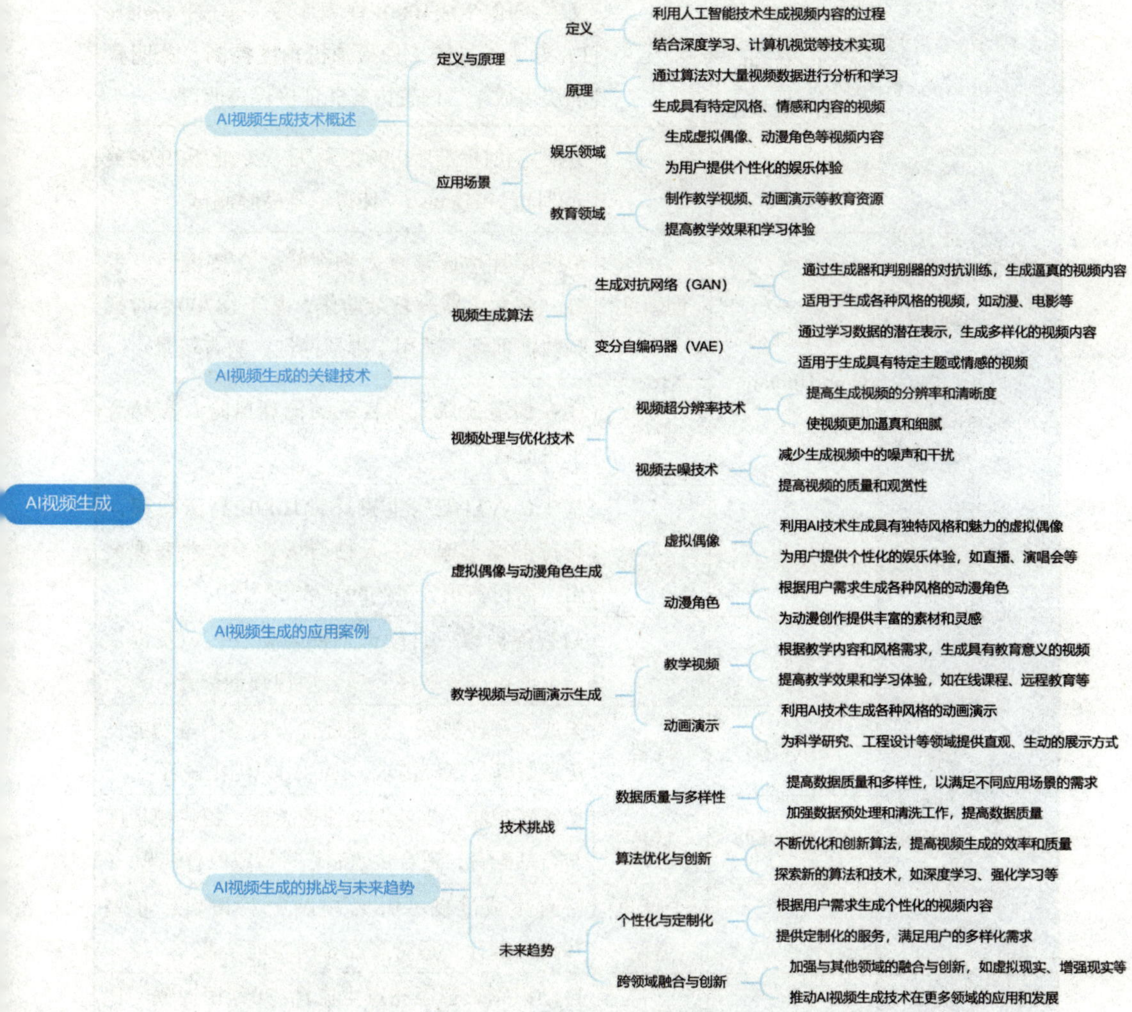


图 103-1　AI 视频生成思维导图

方法一，选择 AI 技术与平台。根据视频声场的具体需求选择合适的 AI 模型和算法，再利用云计算、大数据等技术搭建 AI 视频生成平台。

方法二，内容创作与策略。结合 AI 技术的特点，制定创意策略，明确视频主题、风格和目标受众。

方法三，AI 视频生成的流程优化与自动化。基于 AI 视频生成技术，减少人工干预，提高效率。关于 AI 视频生成工具及特征见表 103-1。

表103-1　AI视频生成工具及特征

| | | | | |
|---|---|---|---|---|
| 专业级工具 | 适合商业与影视创作 | Adobe Firefly视频模型 | 特点 | 仅使用授权内容训练。知识产权安全，支持文本/图像生成1080P视频片段，集成Premiere Pro专业工具链（如摄像机角度控制、透明叠加层生成），内置内容凭证确保透明度 |
| | | | 商业化 | 分层定价(标准版9.99美元/月，专业版29.99美元/月),已被Dentsu、佳得乐等品牌测试 |
| | | 字节跳动OmniHuman-1 | 创新性 | 单张照片生成逼真人物视频，支持说话、手势、演奏乐器等复杂动作，基于18700小时视频数据训练，适用于虚拟网红、教育场景 |
| | | | 争议 | 存在伪造公众人物言论的伦理风险，需结合平台监管 |
| | | Vidu | 技术亮点 | 基于U-VIT架构生成16秒1080P高清视频，支持多模态输入，人物与场景一致性表现突出，需付费积分（约59元/800积分） |
| 轻量级工具 | 适合个人与中小企业 | 剪映 | 功能 | AI智能剪辑、自动识别视频亮点，免费提供丰富滤镜与音效库，适合短视频创作者 |
| | | 腾讯智影 | 优势 | 集成文章转视频、智能配音、自动字幕功能，免费版满足基础需求，国内用户优化显著 |
| | | 一帧秒创 | 特色 | 文字转视频，支持图文快速生成，提供模板库与自动配音，适合快速制作宣传或教育视频 |
| | | Zeemo | 全球化适配 | 字幕生成准确率98%,支持95种语言，年费79~239美元，适合多语言内容创作者 |
| 垂直场景工具 | 特定功能强 | Vizard | 核心能力 | 自动识别长视频亮点生成15~30秒短视频。比人工快10倍，企业版支持72000分钟/年素材处理，适合TikTok/YouTube引流 |
| | | D-ID | 技术方案 | 通过Lve Portrait功能将静态图像转为动态短片，支持100+语言，API优化生成质量，适合广告与教育领域 |
| | | MoonValley | 电影质感 | 免费生成16：9比例视频，提供漫画、3D动画等5种风格，通过Discord操作，适合零基础用户 |

续表

| | | | | |
|---|---|---|---|---|
| 移动端工具 | 便捷快速生成 | AI视频生成器 | 特点 | 输入关键词或图片生成动态视频，界面简洁，支持宣传与教育内容，但免费版限制视频时长（3~6秒） |
| | | 即梦AI | 技术延伸 | 结合抖音生态，支持自然语言或图片输入生成动态/写实风格视频，需关注生成质量稳定性 |
| 开源与前沿技术工具 | 商汤LazyLLM框架 | | 开发友好 | 10行代码搭建RAG应用，降低企业级AI部署门槛，推动行业生态融合 |
| | Stable Video | | 稳定性 | 基于Stable Diffusion的图像转视频工具，适合需要高可控性的专业用户 |

方法四，推广与合作。生成 AI 视频后，可以通过社交媒体、广告、合作伙伴等渠道推广 AI 视频生成平台，提高知名度和用户数量，从而实现盈利。

通过模式落地可以看出 AI 视频生成将渗透更多垂直领域，重塑内容创作与传播的范式。建议企业在技术创新与伦理合规间寻求平衡，以实现可持续增长。

**案例实操**

“00 后”创业者小武想做生意，但他要钱没钱、要人没人，租不起办公场所。

我给他两个建议：

（1）找到有资源、有技术、有资本的合伙人；

（2）做自己最想做的事，不要犹豫。

小武最想做 AI 视频生成，他非常认同我的观点：技术大爆发是行业时机成熟的表现，此时入场不早不晚。

从 2024 年 9 月开始创业到现在，在半年中，小武和三位合伙人打造的视频账号已经有百万粉丝。除了视频流量变现的收益，他们还逐步通过广告片、文旅片获得盈利。小武的团队制作的 AI 视频广告片性价比更高，在取得相同效果的基础上，拍摄成本只有传统影视广告的 1/10。现在，仅仅拍摄广告的业务营收就能达到 40 多万元。这对于一个没有任何高成本投入的四人小团队来说，已经是比同龄人更早地赚到了人生第一桶金。

除此之外，小武在听完我最新的课程之后，还开辟了第二条商业化路径，即通过互联网打造个人 IP，吸引想学习和通过 AI 视频生成赚钱的人。小武采用会员卡模式，以 199 元的会员卡锁定想跟他学习 AI 视频生成的用户。截至当前，小武的会员已经裂变到 3000 多人，赚取了将近 60 万元的会员费。

在未来，只有得 AI 者，才能得天下。

# 104. AI文案写作

**告别加班！用 AI 让文案撰写从 1 天缩至 1 小时。通过 AI 写爆款文，4 天收入 20 万元，直接救活半死不活的公司。**

### ➤ 模式拆解

从概念上来看，AI 文案写作是指利用人工智能技术，特别是自然语言处理（NLP）和机器学习（ML）技术，结合深度学习算法，通过大规模语料库和预训练模型，模仿和生成人类语言文本内容的过程。简单理解，就是通过 AI 写作工具，以比人工初稿速度快、价格低等优势抢占内容市场。

越来越多的人意识到，只要抓住机会，便能在这波 AI 浪潮中分一杯羹。我的一位学员通过学习使用 DeepSeek 生成多语种产品文案和社交媒体推广内容，4 天赚了 20 万元。可见，率先掌握 AI 文案写作的人，将会率先弯道超车赚取赛道的第一桶金。

先通过下面的思维导图大致了解一下 AI 文案写作的相关知识点，见图 104–1 所示。

通过思维导图，可以看到 AI 文案写作工具已从“基础辅助”迈向“智能协同”，其核心价值在于降低创作门槛与提升内容生产力。

### ➤ 模式落地

AI 文案写作可以应用于多种场景，如新闻报道、广告文案、社交媒体推文、小说创作、诗歌写作等，可以从相对容易获取收益的代写服务、自媒体内容创作、推广产品赚取佣金等三个方面进行阐述。

代写服务是 AI 写作中立竿见影的收益方法。

AI 代写服务是不错的赚钱途径。很多人对代写需求质量要求较高。你可以通过电商平台、大学生活跃平台和自媒体平台，轻松接到代写业务，实现高客单价收益。具体做法，利用 AI 工具如 ChatGPT 或 GPT–4 生成各种文案，再通过淘宝、闲鱼等平台接单，逐步积累口碑，承接高单价订单。

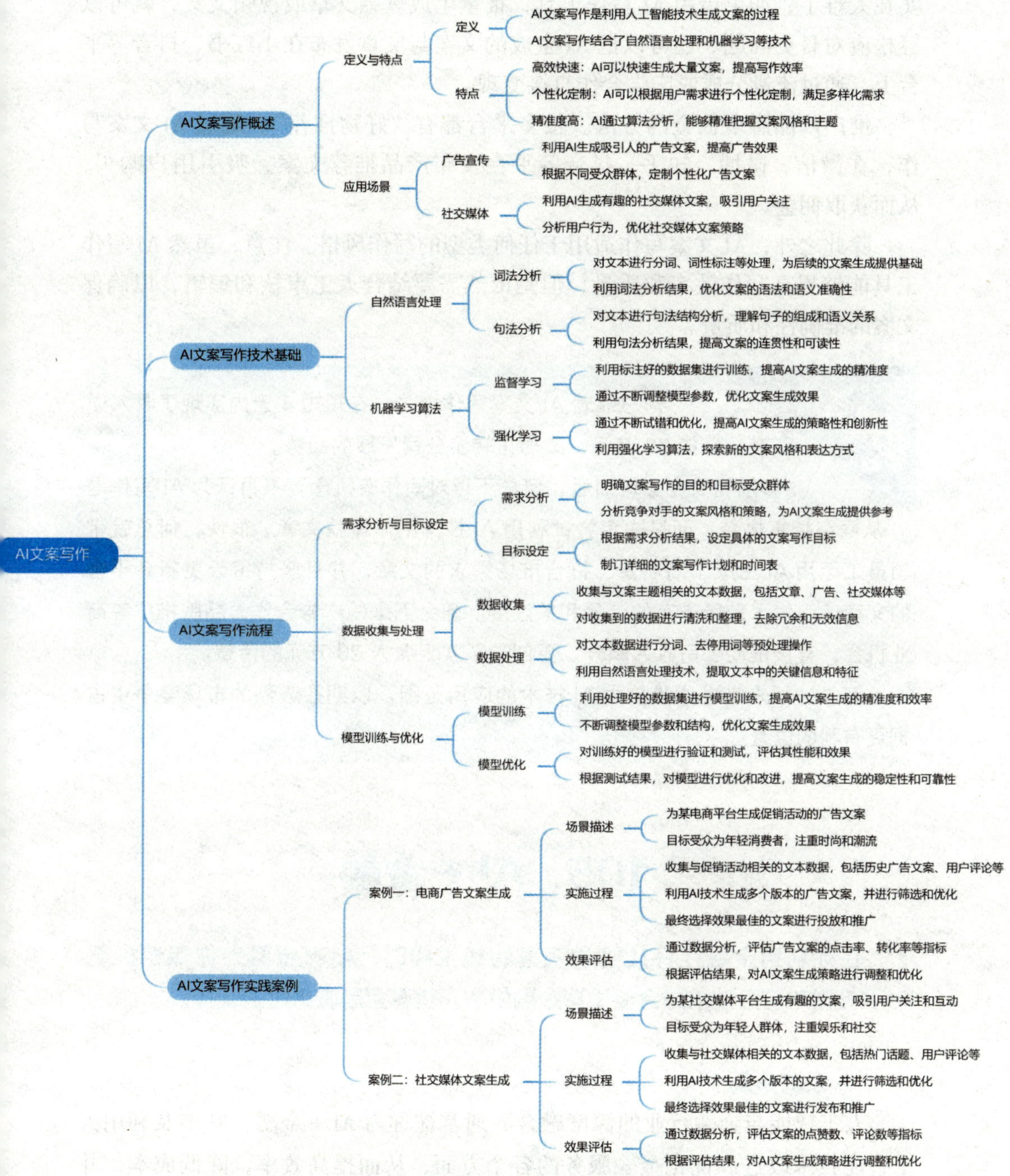


图 104-1　AI 文案写作知识点思维导图

自媒体内容创作是主动出击的方法。做过自媒体的人都知道每天坚持更新实在太难了，如果借用 AI 写作工具，批量生成爆款文章或视频文案，就可以轻松应对日更问题。还可以把 AI 生成的文案与文章发布在小红书、抖音等平台上，通过流量分成或广告合作直接变现。

推广产品赚取佣金的方法。很多平台都有“好物推荐”，通过 AI 文案写作，在微信、微博、知乎、抖音等平台发布产品推荐文案，吸引用户购买，从而获取佣金。

除此之外，AI 文案写作适用于任何类型的写作风格。注意，虽然 AI 写作工具能够提高写作效率和质量，但是依然需要结合人工审核和编辑，以确保文案的准确性和质量。

**案例实操**

何总靠着 AI 文案写作模式，在短短 4 天内实现了收入逆袭，狂揽 20 万元，成功扭转了公司发展的颓势。

参加相关专业培训后，何总不再对写作有执念，不再认为 AI 写作是从网络搜集拼装，而是决定尝试利用 AI 技术创作爆款文章。很快，何总就带领员工运用 AI 生成了高质量、符合市场需求的文章，并且坚持每天更新各平台的文章，引发了前所未有的流量和关注度。随之而来的广告合作、品牌推广等商业机会，直接推动公司收入飙升，更创造了 4 天收入 20 万元的传奇。

何总计划未来进一步扩大 AI 技术的应用范围，以期在激烈的市场竞争中占据更有利的位置。

# 105. AI + 金融

**在你利用金融杠杆让钱袋子里的钱生钱时，AI + 金融为你保驾护航。AI + 金融与前沿技术融合将重塑金融生态，普惠金融服务将更便捷。**

### ➤ 模式拆解

人工智能与金融行业的深度融合，通常被称为 AI + 金融，它涉及利用人工智能技术改进和优化金融服务的各个方面，从而提高效率，降低成本，并为客户提供更加个性化和精准的服务。

从概念的角度来说，AI + 金融的实现方法主要依赖于数据、算力和算法三大要素。

在金融领域，AI + 金融模式应用广泛，涵盖了从风险控制到智能投资顾问，从算法交易到客户服务，再到个性化推荐、贷款审批、市场分析、合规监管、保险科技、财务分析、区块链技术及用户行为分析等多个方面，不仅提高了金融服务的效率和质量，也为金融行业带来了创新的商业模式和增长点。

除了金融领域，AI + 金融模式还直接或间接地应用于各行各业，助力不同领域、不同规模的公司发展。

### ➤模式落地

在当今的数字化时代，通过巧妙运用 AI + 金融模式，中小企业可以在金融领域获得更多资源，提高运营效率，优化客户服务，从而实现业务增长和竞争力提升。

落地方法一，智能融资与信贷服务。即使是不属于金融范畴的企业，也不可避免地面临融资、贷款等问题。因为对企业评估不准确，不能正确地找到融资渠道或贷款方案，所以有些企业陷入了“方向错误，所有努力都白费”的困境。利用 AI + 金融的工具对自身进行评估，企业就能够迅速了解自身的信用状况，并且通过智能匹配系统，得到最为合理、合适的融资渠道和方案。

落地方法二，通过 AI + 金融工具实现智能财务管理。只要是企业，就一定需要财务部门，如何做好财务管理，节省成本，提高效率，是所有企业主都要面对的问题。

引入 AI + 金融工具进行财务管理，运用自动化记账、财务分析、预算控制等功能，能够提高财务管理效率，还能够预测现金流状况，降低财务风险，引导企业更健康地发展。

落地方法三，利用 AI + 金融，拓宽企业业务范围，比如与金融科技公司建立合作关系，共同开发适合中小企业的金融科技产品和服务。

除此之外，在金融行业的中小企业还可以利用 AI 技术进行精准营销，通过分析用户行为和市场趋势，制定更为有效的推广策略。在贷款审批环节，AI 能够快速评估客户的信用状况，提高审批效率，降低风险。

**案例实操**

林敏是一家连锁会计公司的负责人，前几年会计公司发展都不错，但近两年整个业务发展缓慢，尤其是她的会计公司相对来说业务单一，中小微企业倒闭潮导致她失去了大量客户。

在此情况下，她决定拓宽公司业务，之前不太敢涉足的领域，如资产管理服务、投资顾问等业务，因为现在有 AI + 金融的把控与助力，所以她决定开拓这些新业务，为公司争取更多的盈利。

令人欣喜的是会计公司的新业务的确为公司带来了更多的收入，林敏通过巧妙运用 AI + 金融策略，让公司在数字化转型的大潮中抓住机遇，实现业务增长和利润提升。

在“AI + 金融”的时代浪潮中，我们正见证着一场前所未有的行业革命，它将引领我们走向一个更加高效、智能、可持续的金融未来，降本增效，为金融行业带来了前所未有的效率提高和用户体验革新。

# 106. AI + 教育

**旺盛的人才需求造就了市场规模，不断提升的支持意愿加速产业的发展。国内 AI + 教育的需求旺盛，市场前景广阔。**

### ➤ 模式拆解

“AI + 教育”是将人工智能技术深度融入教育领域，通过智能化的手段优化教育环境，从而推动传统教育模式、教学方法和学习体验发生根本性变革的一种新型教育模式。

具体来说，分为狭义上的“AI + 教育”和广义上的“AI + 教育”。

所谓狭义，指利用 AI 人工智能技术辅助教学。

这里所说的“AI + 教育”更侧重于广义，既包括狭义概念在内，也包括通过 AI 工具开发教育产品、提供教育服务、开展教育培训、创作教育内容等。

通过图 106-1，可以看到“AI + 教育”正从“工具辅助”迈向“生态重构”，其核心价值在于个性化学习与教学效率革命。未来，AI 将深度融入教育全场景，尤其是对于教育领域相关的企业来说，更要认真做好模式落地，抢先进入“AI + 教育”蓝海。

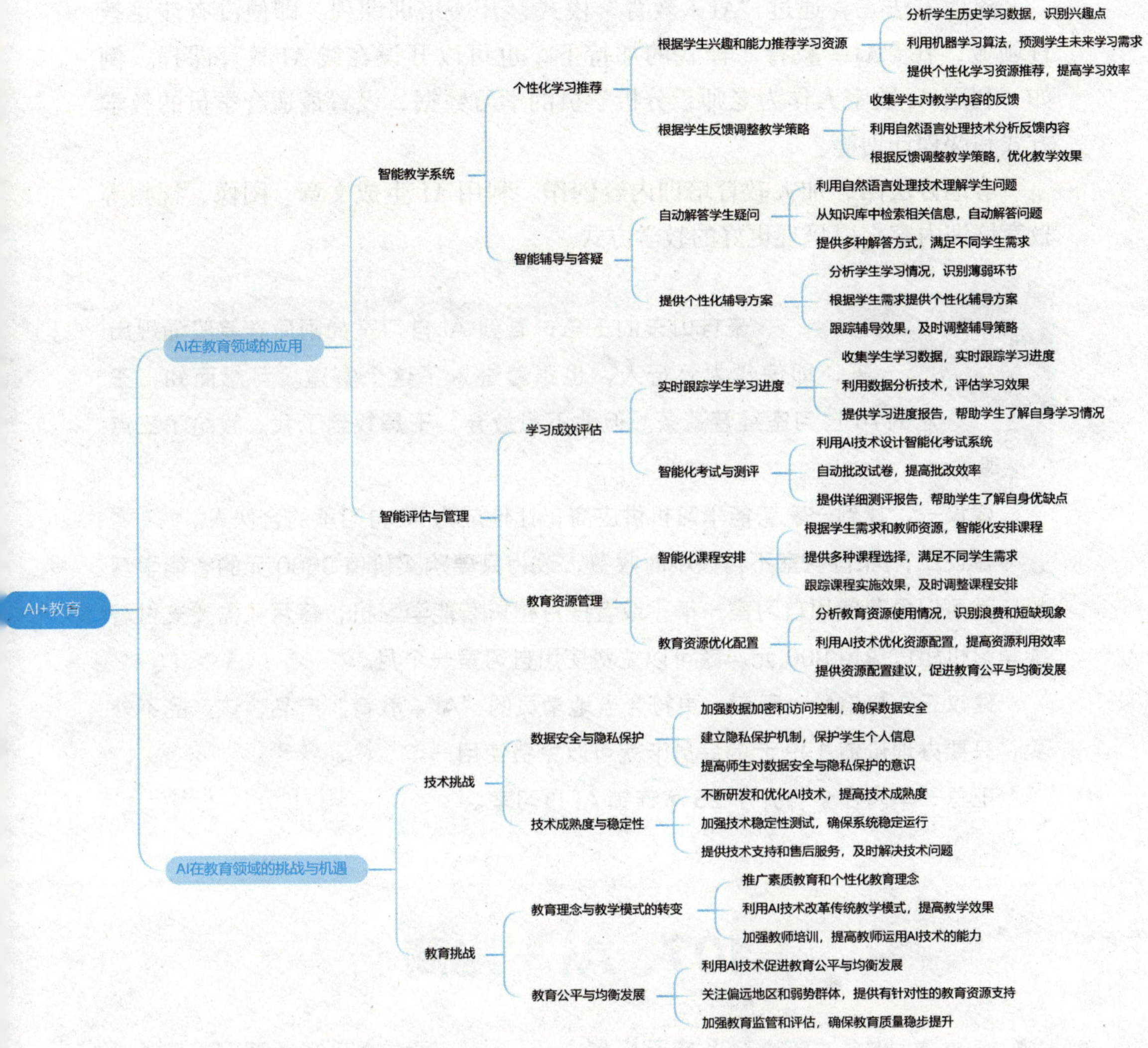


图 106-1 “AI + 教育”思维导图

## ➤ 模式落地

对于“AI + 教育”模式，和教育培训相关的企业可以通过利用这一模式，拓宽企业业务范围，推进企业发展。

落地方法一，开发 AI 教育产品。站在“AI +”的风口，找到最适合企业的方向，打造智能教学模式和智能教学环境，最终赢得无限的用户群体。

落地方法二，提供 AI 教育服务。通过 AI 工具对某一个培训机构进行数据分析，凭借结果为对方提供商业洞察，帮助决策。

落地方法三，通过“AI + 教育”模式，开展培训课程。即便没有涉足教育领域，在“AI + 教育”模式的加持下，也可以开设在线 AI 教育课程。例如，利用 AI 数字人作为老师，分析学员的学习数据，设置最适合学员的教学方式和课程计划等。

落地方法四，加大教育培训内容创作。利用 AI 生成文章、图像、视频等教育培训内容，以呈现更好的教学方式。

**案例实操**

来自山东的王总，看到 AI 自习室如雨后春笋般涌现出来，即使作为外行人，也跟着进入了这个赛道。可想而知，王总的 AI 自习室经营萧条。但他不想放弃，于是找到了我。我给了三点建议：

建议一，找到一家智能学习机供应商，让他成为 AI 自习室的合伙人。

建议二，AI 自习室不再按小时收费，改为只要购买价值 3600 元的智能学习机，就可以免费使用自习室一年；或者按月租赁智能学习机，每月只需要支付智能学习机租赁费用 800 元，就可以免费使用自习室一个月。

建议三，打造独一无二、更符合当地学员的“AI + 教育”产品，该产品不外卖，只要办理价值 199 元的会员卡就可以免费使用一年。

王总一年内在全省开了 25 家连锁 AI 自习室。

## 107. AI + 电商

**作为 AI 技术的核心商业应用场景之一，电商领域中已经涌现了数字人主播、智能导购、个性化推荐、创意内容生成等面向多个方向的 AI 工具。**

### ➤ 模式拆解

当各大电商平台能够精准地给消费者推荐他们想要的产品时，AI 在电商领域的应用已经炉火纯青了。“AI + 电商”通常是指将人工智能技术深度融入电子商务的各个环节，通过算法优化、数据驱动和自动化流程，实现从用户交互、供应链管理到营销决策的全链条智能化升级。

作为 AI 技术的一大核心商业应用场景，电商领域在过去一年中涌现出了智能导购、数字人主播、创意内容生成、个性化推荐等面向多个方向的 AI 工具。

图 107-1　AI 在电商中的应用思维导图

通过图 107-1 可以看出，“AI + 电商”正从“效率革命”迈向“生态重构”，其核心价值在于降本增效与场景创新。未来竞争将聚焦于“人性化洞察”与“技术伦理平衡”。对于中小商家，建议优先选择轻量级工具结合垂直场景方案，快速实现智能化转型。

### ➤模式落地

AI在电商领域的应用日益广泛，其强大的数据处理和分析能力为电商企业带来了前所未有的机遇。现在，很多电商平台都在使用AI技术提高从市场分析、产品设计到网站搭建、营销推广等各个环节的效率。

比如，AI客服能够替代传统的人工客服，实现全天候的即时响应，还能深入挖掘资料库，对客户咨询进行精准分析，提供迅捷而准确的解决方案。还可以通过深入分析消费者的购物历史、搜索偏好、浏览轨迹等多维度数据，进行个性化的智能推荐。基于这些信息，电商企业不仅提升了销售业绩，也极大地增强了消费者的购物体验和满意度。

又比如，AI运营优化能够对用户行为数据进行深入分析，为运营团队提供数据驱动的策略建议，包括广告投放的优化、促销活动的调整等，从而显著提高运营的效率，使电商运营更加智能化和精准化。

"AI＋电商"还有一个特色，就是虚拟模特与主播，它们可以用于展示服装、饰品等商品，参与电商直播、产品介绍等多样化场景。这种创新不仅大幅降低了实际拍摄的成本，还提高了展示的效率和个性化程度，满足了消费者对个性化和互动性的追求。

**案例实操**

很多人因为"AI＋电商"走出了人生中最黑暗的时刻，比如郑兴。我第一次见他时，他因为盲目投资餐饮业，欠下了50多万元债务。他来听我的演讲，完全是抱着死马当作活马医的心态。

那场演讲的主题是"AI＋电商"。听完演讲，他报了我的课程，一边听，一边学，一边实操。

第一步，我建议他使用AI筛选出"高毛利、低竞争"的产品。

第二步，我建议他布局AI内容矩阵。他通过低成本打造了个人IP，并通过"AI客服＋自动化运营"实现了私域裂变，又通过搭建智能客服，自动回复咨询、催付订单，使转化率提升了30%。

第三步，利用AI写作工具，生成不同风格的文案和视频，通过内容增加曝光，吸引流量。

第四步，坚持。我跟他说，"AI＋电商"就算是风口，也吹不起一个睡不醒只想躺赢的人。

郑兴通过"AI＋电商"模式，只用一年就从负债50万元，逆袭成月入30万元，也从一个人的单打独斗，发展成团队共同打拼。

# 108. AI + 企业转型升级

**人工智能技术正以前所未有的速度重塑着企业的生产、运营与管理，不仅有助于提高生产效率和质量，还可促进行业结构的优化升级，加速产业与服务的转型升级。**

## ➤模式拆解

第三次人工智能浪潮已经出现，人工智能的高速发展为我们拉开了新时代的序幕。通过智能化生产、个性化服务及产业协同等路径，AI 在提高企业竞争力、优化资源配置、推动绿色可持续发展等方面发挥了重要作用。

（1）生产制造智能化。传统产业的生产制造智能化转型是提高竞争力和生产效率的关键，采用数字化、网络化和智能化手段，不仅可以改变生产模式，也能为企业带来巨大的经济效益。

（2）产品服务个性化。如今，消费者的需求日益多样化和个性化，企业需要更加注重产品和服务的个性化，提供符合消费者需求的解决方案。采用人工智能技术，企业就能实现定制化生产和智能化服务响应，极大地提升消费者体验和产品附加值。

（3）产业生态协同化。借助人工智能技术，传统产业就能实现产业链的上下游、横向及跨界协同，推动价值链重构与产业生态圈的建设，从而提升产业整体的竞争力与可持续发展能力。

## ➤模式落地

在未来的很长一段时间，人工智能必将成为企业争夺的战略制高点。企业不仅要关注 AI 在自身运营中的应用，更要思考如何通过 AI 推动行业的升级与转型，以便在行业变革中抓住新机遇，实现跨越式发展。

（1）聚焦生产流程，提高自动化生产能力。要顺应科技创新发展趋势，提高智能技术攻关和产品研发能力，提高自动化生产的精确性、可靠性和耐久性。

（2）聚焦产业链，推动智能化变革。将人工智能技术渗透到产业各环节各领域，运用代码大模型、数字孪生、工业互联网、云计算等人工智能技术，提高实时监测与自动处理等能力，推动变革创新，提高生产水平。

（3）聚焦市场需求，提升消费体验。为了满足消费需求的升级，要将数字技术与生产优势、市场优势更好地结合起来，提升智能消费体验，丰富多元应用场景，从单纯提供硬件产品向提供“产品 + 数字智能”服务转变。

**案例实操**

2024 年 5 月，老张在淘宝上开了一家网店，专门做服装销售。为了做好推广，他不仅投入了很多资金，还招聘了 4 名员工。大家起早贪黑地工作，结果半年过去，月销还不到 6 万元。面对推广费用完、同行抄袭等困境，他彻夜难眠。

2025 年春节过后，当老张发现 DeepSeek 成了热门的时候，意识到 AI 的巨大威力，开始用 AI 重构电商生意。

（1）基础架构自动化。他用 AI 重新命名了店铺，重新设计了 Logo。

（2）内容生产自动化。商品图片、直播文案等内容均由 AI 生成，大大节省了内容生产成本。

（3）优化动态内容。AI 实时分析消费者行为数据，自动调整商品展示策略与营销话术。例如，根据用户偏好生成差异化产品描述。

（4）保障真实性。采用“AI 设计 + 人工审核”模式生成图片，结合真人实拍补充展示，优化了商品细节，如服装版型、面料纹理等。

（5）打造流程闭环。打造了“AI 批量生成→人工质检→打样生产→数据反馈优化”的流程，确保自动化流程与实际消费需求相匹配。

老张的辛苦没有白费，通过这样一系列操作，在 2025 年 3 月的一天凌晨，老张盯着电脑屏幕，嘴角不自觉地上扬，因为他的网店（服装店）单月营业额居然突破了 30 万元。